AF398529

Da wartet

immer

ein

SOMMER

in Dir

1. Impressum

Onemoment4you

Caccamo & Sleuser

47574 Goch

Deutschland

E-Mail: Info.onemoment4you@web.de

Webseite: [www.onemoment4you.com]

Umsatzsteuer-Identifikationsnummer:

DE432464130

© 2025 Antje Sleuser

Verlag: BoD · Books on Demand GmbH, Überseering 33,

22297 Hamburg, bod@bod.de

Druck: Libri Plureos GmbH, Friedensallee 273, 22763 Hamburg

ISBN: 978-3-7693-3975-8

Inhaltsverzeichnis

Poesie die deinem Herzen noch fehlte

Du kannst

mit deinen Träumen

leben,

aber du solltest nicht

mit ihnen

sterben.

Du möchtest dein STRAHLEN zurück...!

und ich finde nicht, dass das zu GROSS geträumt ist

Keiner sagt dir wo sich dein LICHT versteckt, wenn es dir abhanden kommt. Aber ich glaube, wenn du dich entscheidest es zu brauchen, wirst du es finden und zurückerobern!

 HÖR NIE AUF danach zu suchen

Hallo Zauberseele

Schön, dass du hier bist

Weißt du, das ist kein Zufall.

So ein Leben, das schubst einen immer wieder,

damit man über seine eigenen Bedürfnisse stolpert und

all die am Herzboden liegenden Träume aufwirbelt.

Dein Leben hat dich gerade

in mein Buch stolpern lassen.

Du solltest herausfinden warum!

Wie?

Das ist ganz leicht.

Schau dich hier einfach um.

Du wirst wieder GLÜCKLICH sein

Du wirst einen neuen Lieblingssong haben

Es warten noch ganz viele Sonnenaufgänge auf dich

Du wirst unterm Sternenhimmel liegen und staunen

und neue Lieblingsorte entdecken

Du wirst deine nächste Geschichte schreiben

Es wartet noch ganz viel... Glück zum FÜHLEN Liebe zum teilen und Leben zum feiern auf dich

Dir werden Menschen begegnen, die dir mehr bedeuten, als du dir jetzt vorstellen kannst

Du wirst deinen Weg finden,... zurück zu DIR

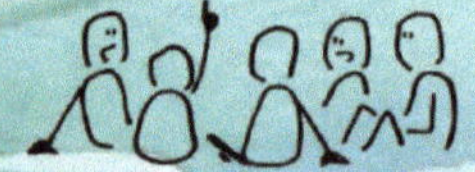

Vielleicht bist du hier, weil du genau das brauchst…

die fühl ich grad so sehr Geschichten,

die Aha Momente in Gedichten, mal seelenbarfuß Laufen und

den Alltag gegen fast vergessene Träume tauschen.

Ich streu dir Glitzer in deine Tage und schütte Brause in dein Herz.

Dich wird umarmen, was ich sage und

wir verwandeln ihn in Sternenstaub, deinen Schmerz.

Vielleicht brauchst du den Blick durch meine Augen,

damit deine wieder an die kleinen Wunder glauben

und das Blau im Himmel sehen.

Vielleicht findest du die Welt und dich bald wieder richtig schön.

Das würde mir gefallen.

Vielleicht wird das hier sogar dein Lieblingsbuch von Allen.

Vielleicht fühlst du dich hier gesehen, verstanden

und in den Arm genommen.

Vielleicht kannst du am Ende dieses Buches lächelnd sagen:

„Hey Leben, ich freue mich auf dich und all dein

buntverrücktes, kleinteiliges, großartiges Pipapo.

Ich bin bereit, du kannst kommen!"

Schreib deine Geschichte,
auch wenn sie keiner liest

Mal dein Bild ,
auch wenn es keiner sieht

Sing dein Lied ,
auch wenn es keiner hört

Erobere dir die WELT ,
selbst wenn deine Freunde
"nur"
die Bäume sind ...!

Poesie
die deinem Herz noch fehlte
Lebens
freude
enjoy
@onemoment4you

So viele Gründe das LEBEN zu lieben

Freudentränen , GLÜCKSGÄNSEHAUT,
Lachmuskelkater , Zirkus und Theater,
HundewelpenKüsse , Kinderlachen ,
Tage ohne To Do's, Unsinn machen,
Es spüren geliebt zu sein ,
deine eigenen Geschichten schreiben,
Bücher die dein Leben verändern,
Barfuß durch Meereswellen schlendern,
Eiscreme, Schokolade,
Freibadpommes und Geburtstage,
am Lagerfeuer philosophieren,
Tage im Bett, nicht funktionieren,
Sternenhimmelstaunen, die Natur entdecken
Lieben, Lachen, Meerwind schmecken,
Mutsprünge, zum 1 Mal Dinge ,
Frühling, Sommer, Blumenduft,
wenn ein Rotkehlchen dich ruft,
Stolz sein auf dich, dir was schenken,
Zeit mit Lieblingsmenschen,
Freunde die an dich denken,
all die Wunder und das BUNT gefühlte
Wundervoll ...Es gibt so viel hier
das ist einfach lebenswert und TOLL

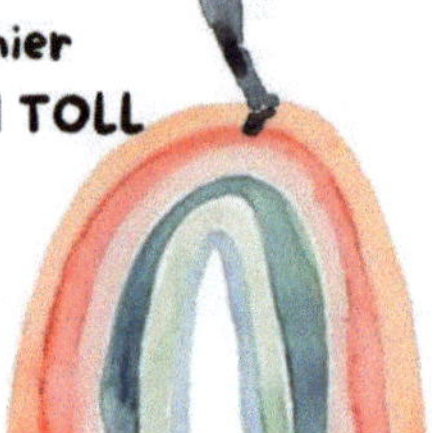

Du träumst nicht zu groß

wenn du ALLES willst, was dein Herz dir flüstert.

Du verlangst nicht zu viel, wenn ALLES in dir geliebt werden will.

Du bist IMMER genug, auch wenn du manchem nicht reichst

und einfach ZAUBERHAFT, wenn du deine weiche Seite zeigst.

In deiner Fantasie da bleiben keine Wünsche offen.

In deinem Herz ist so viel Platz für alles, was sich lieben lassen will.

Ich habe keine Seele, so wundervoll wie dich getroffen

und NICHTS an dir ist, wie du immer denkst zu viel.

Dein Mut reicht für viel mehr als nur ein Leben,

dein Strahlen macht der Sonne Konkurrenz.

Du ahnst gar nicht, was deine Worte andren geben

und wie viel Liebe du mit deinem Lächeln schenkst.

Und würde der Abendhimmel deine Farben tragen,

würde jeder "WOW, WIE SCHÖN IST DAS DENN!" sagen.

Und jeder sieht es, nur der Himmel nicht,

dabei zaubert er der Welt das Lächeln ins Gesicht!

Es sind die MÄRCHEN im HERZ,
die uns weiter TANZEN lassen.

Es ist die ROSAROTE Brille im Kopf,
durch die wir glücklicher sehen.

Es sind die GUTEN Geschichten, die uns
immer wieder helfen MUT zu fassen

und in unsren schweren Tagen sind
es die Begegnungen mit GUTEN FEEN.

Es sind die kleinen WUNDER, warum
wir noch an die großen GLAUBEN.

Es sind im Tag die KLEINEN Dinge,
die uns zum LÄCHELN bringen.

Es sind die TRÄUME, die der
Wirklichkeit den Schrecken rauben

und die Menschen, die bleiben...
warum wir immer wieder
NEU BEGINNEN

MACH DEIN HERZ AUF

für all die Träume, die es wert sind, gelebt zu werden,

all die Geschichten, die es wert sind, sie zu schreiben.

All die Tage, für die es sich lohnt aufzustehen,

all die Menschen, die deine Liebe verdienen.

Für all die Abenteuer, die erst Angst machen und dann glücklich,

für all die Veränderung, die dich dir selbst näherbringt.

Für all dein Wachsen, das sich zu feiern lohnt

und jeden Mutsprung, der dir gelingt.

MACH DEIN HERZ AUF

für jedes Date mit dir

und all das Glitzer, das du in Tage streust.

Für jede Freundschaft, die dich nährt,

jeden Moment, den du nicht bereust.

Für jedes Gespräch, das tiefer geht,

für jeden Augenblick, den man spürt, dass man lebt…

Für jede Stille, in der wir staunend verweilen,

für jede Liebe, die es wert ist, sie zu teilen.

Manchmal fühlt
sich Leben an,
wie der LETZTE
Sonnenaufgang,
den man
verpassen kann...
da zählt jeder
MIKRO-
MOMENT

Ich lass dir ein BAD
voll wärmender GEFÜHLE ein.
Bei mir kannst DU deine
ungefilterte Wohlfühlversion sein.

Ich pflücke dir Duftgedanken,
lass dich in meinen Sonne tanken.

Ich mag, wenn dein HERZ kurz
die ABER'S vergisst und
DU momentkrümellang
einfach mal glücklich bist.

Ich stifte dich so gerne
zum LÄCHELN an,
es ist das schönste Accessoire
für dein Lippenpaar.

Und käme ich irgendwie dran,
würde ich sogar den Rucksack
von deinem HERZEN tragen,
damit deine Schultern
es leichter haben.

Ich möchte, dass DU sicher bist ...
Ich bin für dich da
EGAL was IST ....!

XOXO

Weißt DU noch...
wie TRÄUME duften,
spürst noch
echtes LEBEN
auf der HAUT ?

Wirf dein HERZ
mal wieder
in die LUFT
und fang es
LIEBEVOLLER
wieder auf !!!

TRÄUME

Ich wünsch mir, dass du wieder

an deine Träume glaubst und dass sie sich erfüllen.

Wünsch mir, dass du deinem Mut vertraust

und deine dummen Gedanken sich in Schweigen hüllen.

Ich wünsch mir, dass du da raus gehst

und dein Lieblingsleben lebst, denn dafür bist du HIER.

Ich wünsch mir, dass du endlich glücklich wirst mit DIR.

Du hast die wundervolle Chance,

ein Teil von diesem kunterbunten, glücksverrückten

"Universumszaubertrick" zu sein.

Du kannst erschaffen, diese Welt verändern,

ihr die Farben deiner Seele zeigen.

Das Licht in dir und deine Energie mit andren Menschen teilen.

Ich weiß nicht, ob die Botschaft schon in deinem Bewusstsein

angekommen ist, dass jemand wollte, dass DU HIER,

dass du LEBENDIG bist

und dieses spektakuläre Leben, leben kannst.

Fühl dich endlich zuhause in DIR,

nimm dein HERZ in die Hand und TANZ.

**HOFFNUNG ist
die leise Stimme,
die dich im
Sturm trifft
und flüstert..**

da ist
SO VIEL MEHR,
als du dir
vorstellen kannst
in diesem Moment

HOFFNUNG

Ich mag, wenn die Welt nach Hoffnung riecht,

wenn sich Menschen in den Armen liegen,

wir uns einfach mal genügen.

Ich mag, wenn das Leben uns zurück liebt,

weil wir seinem Plan vertrauen,

uns ein kleines Paradies in ihm aufbauen.

Ich mag, wenn wir Geschichten schreiben,

die in Erinnerung bleiben

wie ein perfekter Sommertag.

Ich mag, dass was ich in die Welt rausschicke …

ich in meinen Händen hab.

Ich mag, wenn die mit den guten Herzen gewinnen

Wenn sie den Duft von Neuanfang und all die Farben

die das Leben in sich trägt,

wie Frühlingsbunt in wintergraue Herzen bringen.

Ich mag, wenn uns wieder Wunder gelingen.

Erinnerst du dich noch,
wie Frühling in Gedanken duftet?

Wie hoch man fliegt,
wenn man sich in den Augenblick verliebt?

Wie weich das Herz in dir plötzlich ist,
wenn du du selber bist?

Wie schön das Leben Lächeln kann,
strengst du dich mal nicht so dolle an ?

Weißt du noch die Flügel im Gefühl,
wenn man tut, was seine Seele will ?

Und der Herzwind auf der Haut,
wenn man wieder an sich selber glaubt ?

Willst du nicht auch mal wieder
dieses Kribbeln in dir haben ,
wenn dir die Gedanken sagen…

HEY ich find dich toll und
Leben ist grad wundervoll?!

Zünd mal wieder dieses Lagerfeuer in dir an.
Glaub mal wieder wie als Kind daran,
dass alles möglich ist und
die Welt ein großer Spielplatz ist.

Und die Schaukel ist grad frei
und jeden Tag ist alles Neu!

Und deine Augen staunen wieder
und dein Herz summt deine Lieblingslieder.

In deinem Gefühl
macht sich der Sommer breit

und etwas in dir flüstert
JETZT ist MEINE ZEIT!!!!

Frühling in Gedanken

Erinnerst du dich noch, wie Frühling in Gedanken duftet?

Wie hoch man fliegt, wenn man sich in den Augenblick verliebt?

Wie weich das Herz plötzlich ist, wenn du, du selbst bist?

Wie schön das Leben lächeln kann,

strengst du dich mal nicht so dolle an?

Weißt du noch, die Flügel im Gefühl, wenn man tut, was seine Seele will

und der Herzwind auf der Haut, wenn man wieder an sich glaubt?

Willst du nicht auch mal wieder dieses Kribbeln in dir haben,

wenn dir die Gedanken sagen …

„Hey, ich find dich toll und Leben ist grad wundervoll"?

Zünd mal wieder dieses Lagerfeuer in dir an.

Glaub mal wieder wie als Kind daran,

dass alles möglich ist und die Schaukel grade frei

und jeden Tag ist alles neu.

Deine Augen staunen wieder

und dein Herz summt deine Lieblingslieder.

In deinem Gefühl macht sich der Sommer breit

und etwas in dir flüstert…Jetzt ist meine Zeit!

VIELLEICHT
HABEN
WIR DEN
SOMMER
DAMIT
WIR UNS
JEDES
JAHR NEU
IN UNS
SELBST
VERLIEBEN
KÖNNEN !
sommermoment
4you

SOMMER

Und irgendwie wünsche ich mir einen Sommer,

der sich anfühlt, als wäre nie Winter gewesen,

als würde das Leben uns alle Wünsche von den Augen ablesen.

Ich wünsch mir „ein bisschen mehr wie früher" in der guten alten Zeit,

als wir noch nach vorne träumten, im Jetzt lebten und

uns noch wichtig war, was übrigbleibt.

Als ein ungeschminktes Herz noch sexy war und

Mut war Teil unsrer DNA.

Sensibel sein war noch normal und uns war so viel mehr egal.

Wir fühlten einfach drauf los und Respekt schrieb man noch groß.

Mit der Welt war noch gut Kirschen essen

und zwischendurch haben wir sie einfach kurz vergessen,

um ein echtes Leben zu leben…

Bunt wie der Kaugummiautomat und magisch wie das Zauberquadrat.

Ich wünsch mir nicht die Zeit zurückzudrehen,

aber manches wieder, wie in diesem Sommer sehen,

als es noch um Liebe und Freibadpommes ging

und Leben nicht an virtuellen Fäden hing.

und irgendwann nahm ich

mein kleines Leben in den Arm

und wir hielten uns,

hielten uns warm

bis der Seelensommer kam.

*

LIEBES GEFÜHL

VERSUCH'S DOCH MAL FREIHÄNDIG

MIT GESCHLOSSENEN AUGEN

*

Lass doch zu, dass manches

keine Worte braucht,

nur Gefühl und Staunen

SEELENSOMMER

und als der Sommer dann endlich seine schönste Seite zeigte,

trauten Gesichter sich wieder lächelnd Sommersprossen tragen.

Tage hatten weniger offene Fragen,

Füße hüpften wieder leichter

und Herzen wurden miteinander weicher.

Sehnsucht wurde fast vergessen

und Zeit wieder in Glückssekunden gemessen.

Und irgendwie lag sofort wieder mehr Liebe in der Luft

zwischen Vogelzwitschern und Blumenduft.

Die Sonne nahm die Menschen in den Arm

und keiner wollte, dass die Tage enden.

Das Licht zog in die Köpfe ein

und man verteilte Glücksgefühl mit vollen Händen.

Und manchmal stellt der Sommer sich so gut an,

dass man alles vergessen kann.

Alles fühlt sich leichter, unbeschwerter an.

Deshalb ist er irgendwie auch nicht nur schön.

Er ist…find ich, wie echte Medizin.

Bleib mal stehen
HÖR mal ...
GUCK mal ...
FÜHL mal ...
SCHÖN ...
oder ?!!!!

EINEN TAG LANG...

wieder an Wunder glauben, weil es sie gibt.

Einen Tag mehr Mut haben als immer,

dem Leben sagen, dass man es liebt.

Einen Tag lang wieder, die eigenen Geschichten schreiben.

Einen Tag mal nicht vernünftig bleiben.

Einen Tag lang das, wonach dem Bauch der Kopf steht essen,

alles, was das Leben schwer macht,

einfach einen Tag lang mal vergessen.

Wieder tun, als wenn wir Kinder sind,

machen, was uns glücklich stimmt,

nicht an Morgen und an Sorgen denken,

damit heute, das Lachen gewinnt.

Einen Tag uns selbst mal wieder guttun

und weil's guttut, auf die Wiederholungstaste drücken.

Einen Tag mal wieder wie den

schönsten aller Tage schmücken.

Vergiss nicht

es gibt noch ganz viele...

GRÜNDE zum tanzen
SCHOKOLADE zu essen
TIERE zu streicheln
BÜCHER zu lesen
MENSCHEN zu küssen
ABENTEUER zu erleben
REZEPTE auszuprobieren
LIEBLINGSORTE zu entdecken
WUNDERKERZEN anzuzünden
STERNSCHNUPPEN die fallen
TRÄUME aufzuwecken
WUNDER zu bestaunen
KINDER zu knuddeln
LIEBE zu verschenken

VERLIEB DICH MAL WIEDER

Es ist Zeit, dich endlich wieder zu verlieben,

in dein kostbares kleines Leben und

all die Geschichten, die ihr beide schon geschrieben habt.

Verlieb dich mal wieder in jeden Glücksspagat,

in jeden Gipfelkuss, in jeden Schritt, von deinem Fuß.

In jeden Mutsprung der vor ihm kam,

in jedes Herz, dass dich in seine Arme nahm.

In jeden Sonnenstrahl auf nackter Haut,

in jeden Hoffnungsschimmer, der an dich glaubt.

In jeden Krümel Liebe auf der Welt,

in all die mikrokleinen Dinge, die machen, dass dies Leben zählt.

Verlieb dich wieder in jedes Lächeln auf dem Weg,

in die Freude, die dir so gut steht.

In den Glanz der schönen Taten, in all die Wunder,

die noch auf dich warten.

In jedes Streicheln deiner Seele, in jeden Augenblick, den ich mir mit dir stehle.

Verlieb dich mal wieder in MICH, dein ICH, mit all den Einzigartigkeiten.

Du würdest mir das größte Glück bereiten.

Verlieb dich wieder, dafür ist es nie zu spät.

Zu lieben ist das Beste, für das man wirklich lebt.

HEY DU 😊 !

Jag mal wieder deinen Träumen hinterher
und gib dem Leben eine Chance
dich anzulachen.
Finde heraus, was dich glücklich macht
und gönn dir davon endlich mehr,
spring über deine Schatten.
Setz dein Herz in Flammen
und gib der Freude
die Du fühlst, mal einen Namen.
Kitzel deine dummen Gedanken aus
und schenk dir selbst Applaus.
Trau dich aus der Reihe tanzen,
Mutausbrüche, Kissenschlachten,
einfach mal Komplimente
in fremde Herzen pflanzen.
Schenk den Bauchgefühlen eine Stimme
und hör auf dich klein zu machen.
Denk mal wieder positive Dinge
und benutze deine schönste Stimme…
dein wundervolles Lachen.

IMMER WENN DU LÄCHELST

Immer wenn du lächelst, kannst du Herzen treffen.

Immer wenn du liebst, veränderst du die Welt.

Immer wenn du lauter fühlst,

kannst du das Schweigen anderer brechen.

Immer wenn dein Herz es zulässt,

findet sich auch jemand, der dich hält.

Immer wenn du dankbar losgehst,

kommst du beschenkt zurück.

Immer wenn du ihm entgegenläufst,

findest du es auch, dein Glück.

Immer wenn du an dich glaubst,

kann alles möglich werden.

Immer wenn du deine Seele offen trägst,

kannst du deine Schönheit

nicht verbergen.

Konfettibunte Glücksgedanken

* mach mal, was du LIEBST,
damit du auch tust,
wofür du hier bist !
* du schenkst der Zeit viel zu viel
DUMME Gedanken
* HEUTE, kann morgen dein
SCHÖNSTES GESTERN sein
* ist doch nur JETZT, was du
in der HAND hast
* Mach mal mehr NICHTS
und weniger ALLES
* WERDEN braucht ein
ganzes Leben
* Leben ist das mit dem
KICHERN im Herz und dem
REGENBOGENBUNT im Kopf
* Heute ist ein guter Tag für
ALLES was DU willst !

Bis die Wolken wieder lila sind

Manchmal wünschte ich, wir würden wieder wach bleiben,

bis die Wolken lila sind.

Gedankenlos Geschichten schreiben,

die keinen Sinn machen, dafür im Herz bunten Konfettiwind.

Ich würde gern in die Zeit springen, in der wir unser bestes Leben

einfach lebten, nicht um es der Welt zu zeigen.

Und da, wo es sich gut anfühlt, einfach mal länger bleiben.

Wir würden Sterne zählen und Muttermale auf der Haut

und unsre Herzen wären offen, für jeden, der an Wunder glaubt.

Die Welt wäre wieder groß wie unsre Träume und wir wie Musketiere,

wir hätten Sommer im Gefühl und du wärst immer da,

wenn ich den Glauben an das Gute kurz verliere.

Es wäre wieder Frieden, den ich grade so vermiss

und alle würden sich drauf freuen,

dass bald Frühling ist.

LEBEN
ohne
HANDBREMSE,
mit mehr BÄM
und SCHALLALA
und ganz viel
Uiiiiiiiiiiiiiiiiiiiooooh
ist das
SCHÖN !!!!
LISTEN TO YOUR HEART
Kommst du?!!!
@ONEMOMENT4YOU

Das kann doch jedem mal passieren,

dass er sein Herz aus den Augen verliert.

und wenn dich jemand fragt
"WAS hast DU denn schon
auf die BEINE GESTELLT ?"

und du sagst..

MICH !!!

Dann sag ich...

WOW

und feier DICH !!!

DU BIST EINE KÄMPFERIN

Du bist eine Kämpferin, das warst du…irgendwie schon immer.

Ein Wiederaufstehmädchen und Herzen für dich Gewinner.

In dir steckt jede Menge TROTZDEM MUT und JETZT erst recht.

Du lächelst und siehst glücklich aus, dabei geht es dir oft nicht gut.

Vor deinem Herzen stehen Wachen,

bei jedem Schlag flüstert es weitermachen, egal was ist.

Und manchmal glaube ich du wärst gerne, wer du wirklich bist.

Dein Käfig ist aus Gold, den hast du selbst gebaut

und es ist alles wundervoll, einfach nur weil man daran glaubt.

Manchmal, da wünschte ich, ich könnt dich wecken

aus dem Dornröschenschlaf,

dir die Gewissheit schenken, dass man jeden Tag ganz neu beginnen darf.

Dass man gewinnen kann, grad weil man manches Mal verliert

und es nichts Schlimmes ist, wenn man mal nicht funktioniert.

Ich würde dir sagen, ich bin da für dich, egal was ist.

Dass die Version von dir, die du versteckst, die schönste ist

und du mein Herzgewinner bist, schon seit deinem ersten Tag.

ES GIBT NICHTS, WAS ICH NICHT AN DIR MAG.

NIMM DIR MAL WIEDER ZEIT

* um deine Welt anzuhalten
* durchzuatmen
* es dir im JETZT
hyggelig zu machen
* Träume zu reanimieren
* für dein Herzflüstern
* für 1 Mal DINGE
* etwas Neues zu lernen
* aus der Reihe zu tanzen
*dir gut zu tun
* stolz auf dich zu sein
* SeelenGepäck abzuladen
* Glitzer in deinen
Tag zu streuen
*Bad Vibes auszumisten
* für Lieblingsmenschen
* zum FÜHLEN
* dich zu genießen
* Geschenke vom Leben
zu feiern
* für Magie
* liebevoll mit
dir zu sein

Wir kämpfen, um am Ende still zu bleiben.

Wir halten aus und bluten, um uns dann zu schämen, unsere Narben zu zeigen.

Wir wollen verändern und bleiben doch die, die schweigen.

Wir gehen los, aber nie zu weit. Wir sparen sie auf, unsere kostbare Zeit.

Wir wissen, worauf es ankommt, und leben es nicht.

Wir ignorieren das Bauchgefühl, wenn es mit uns spricht.

Wir haben keine Antwort auf die wichtigsten Fragen und reden zu viel, ohne etwas zu sagen.

Unsere tiefsten Wünsche bleiben verschlossen, unsre geheimsten Träume bleiben meist Hoffen.

Und die Zeit schleicht vorbei, schenkt uns jeden Tag neu … jede Möglichkeit.

Aber wir haben keine Zeit …für die Zeit.

Wir sind stolz, aber nicht auf uns selbst. Wir halten uns fest an nichts, was uns wirklich hält.

Wir wollen gewinnen, aber nicht unser Herz. Wir teilen unser Leben, aber nicht unsren Schmerz.

Wir sind zu stark, um Schwächen zu zeigen, aber zu schwach, um wir selbst zu bleiben.

Wir sind Kinder, die viel zu schnell erwachsen werden und nicht selten,

lange vor dem Tod …schon innen sterben.

Dabei wollten wir doch staunend bleiben, der Welt unsere buntesten Seiten zeigen.

Wir wollten ihre Wunder entdecken, ihre Köstlichkeiten schmecken.

Wir wollten niemals Piraten sein, sondern im Herzen immer Kinder bleiben.

Wir könnten es wieder versuchen, uns alles in Erinnerung rufen…

wie Peter Pan mit Sternenstaub ins Nimmerland fliegen,

wieder pfeifen, krähen und uns ins Leben verlieben.

Wunder passieren…auch wenn du nicht an sie glaubst.

Aber wenn du an sie glaubst, finden sie dich leichter!

WUNDER

Und manchmal da passieren sie,

diese kleinen, großartigen Wunder,

von denen Herzen so träumen,

als hätte das Leben einen gerade besonders lieb und

das Universum würde in unsere Richtung lächeln.

Und wir stehen da

mit unseren staunenden Herzen und

dem WOW im Gefühl,

in diesem Moment

in dem wir nicht vergessen dürfen …

Die Arme ganz weit auszubreiten

und JAAAAAAA zu rufen,

damit dieses WUNDER

auch ganz sicher weiß,

dass man es unbedingt

haben will!

Der KOPF sagt NEIN,
das HERZ ruft JA,
die ANGST flüstert:
"Das schaff ich NICHT !"
Dein MUT weiß ganz genau,
am Ende vom Tunnel da ist Licht.
Tief in dir hörst du
deine Zweifel raunen
und trotzdem schafft das
Kind in dir zu staunen.
Wir haben keine Zeit,
denkt die Aussichtslosigkeit
und die Hoffnung ruft von Innen:
"Ich bin so weit !"
Die Traurigkeit stöhnt leise auf,
dein Abenteuerdrang schreit LAUF,
der Glaube setzt all sein
Gefühl auf dich
und auf der PRIO_Liste deiner Liebe
steht ganz oben MICH !

Starkes Herz

Ist es nicht krass, wie oft du dich selbst überrascht,

weil du weiter machst, obwohl du denkst,

dass du es niemals schaffst?

Ist es nicht schön, dir manchmal zuzusehen,

wie du deine Geschichte schreibst und voller Hoffnung bleibst?

Verdient es nicht einfach Liebe, wie du dein Leben schmückst

und diese Welt beglückst?

Wie du dich selbst oft hältst

und immer noch lächelst, obwohl du fällst?

Es ist nicht "cheesy"

wenn du dich verliebst, in dein eigenes Strahlen

und in die Magie, die deine Seele der Welt hier schenkt,

auch wenn dein Kopf das denkt.

Ich wünsch mir, dass du dich mit meinen Augen siehst,

du endlich merkst, wenn du das liest,

was für ein toller Mensch du bist

und wie unglaublich schön es ist, dass es dich gibt.

Und ich frag mich, wie viel so ein starkes Herz wohl wiegt?

Manchmal brauchst du auch jemanden...

* zum anlehnen dürfen
* dem du Nichts erklären musst
* der zuhören kann, ohne zu urteilen
* der genau weiß, was du brauchst
* der deinen Blickwinkel verändert
* mit offenen Armen
zum hineinfallen lassen
* der die fehlende Sonne ersetzt
* mit dem sich alles leichter anfühlt
* zum Herzakkus aufladen
* der alle deine Farben liebt
* der mit dir Schweigen kann
* der dir ehrlich die Meinung sagt
* der dich findet, wo andere
dich zurückgelassen haben
* der an dich glaubt
* der es schafft, dass
du dich lieber magst

Manchmal brauchst auch du jemanden,

der sieht, dass deine Innensonne gerade schwächelt,

der sich Mühe gibt, damit dein Herz mal wieder lächelt.

Jemanden, dem daran liegt, dass du glücklich bist,

der einfach mal für dich das Glitzer in den Tagen ist.

Manchmal brauchst auch du jemanden,

der dir deine Träume von den Augen pflückt,

der deine Tage bunter schmückt und dir sagt,

komm wir packen unsre Koffer und sind einfach mal verrückt,

der dich, ohne dass du fragst, mal ganz lieb drückt.

Manchmal brauchst auch du jemanden,

der deinen Rucksack kurz mal trägt, in deinem Herz den Rasen mäht.

Der dich in deiner Schwäche sieht und dir sagt

du musst nicht immer stark sein, weil er deine Schwächen liebt.

Jemanden, der dir was gibt von seiner Energie,

damit du merkst, allein bist du nie.

Da ist jemand, dem du wichtig bist,

der will, dass es dir gut geht und dass du glücklich bist.

Gutschein für ...

DENK NICHT IMMER...

Denk nicht immer, du könntest die Welt nicht verändern.

Du veränderst noch viel mehr!

Du veränderst tausende von Welten, Herzen und Gefühlen, sogar sehr.

Du veränderst Menschen und Gedanken.

Du bringst ganze Microuniversen auf der Welt ins Schwanken.

Du bist Grund für so viel Lächeln, so viele kleine Wunder auf dem Weg.

Und der Grund, warum es manchem mit dem Rucksack

den er trägt, gerade leichter geht.

Wegen dir glaubt mancher hier, noch ans Gute in der Welt.

Und so manches Mal warst du bereits der Superkleber,

der den Kosmos um dich rum zusammen hält.

Du warst schon Sorgenversteher, Herzrasenmäher, Vorfreudebringer

und Angstbezwinger.

Der schönste Klecks Bunt in einem Tag

und der Grund, warum sich jemand lieber mag.

Du warst die Sonne im Winter, ein Glückspool im August.

An dir ist so viel Wundervolles, das du auch mal sehen musst.

Ohne dich würde so viel Tolles fehlen!

Dir ist das nur bisher leider nicht bewusst.

LEBEN fühlt sich LEICHTER an, sobald Du...

* aufhörst dich für andere zu verbiegen
* dein Strahlen nicht für andre dimmst
* deine Bedürfnisse ernst nimmst
* anfängst an dich zu glauben
* aufhörst etwas zu erzwingen
* dein Herzflüstern ernst nimmst
* lernst Liebe und Hilfe anzunehmen
* glaubst, dass du Glück verdienst
* loslässt was dir nicht gut tut
* dich selbst nicht mehr belügst
* klare Grenzen setzt
* dich nicht mehr vergleichst
* dir selber reichst
* dich selbst zur Liebe deines Lebens machst

DIE WELT BRINGT DIR BEI NIEMALS AUFZUGEBEN,

aber keiner verrät dir, dass die wahre Magie erst beginnt, wenn du aufgibst.

Und weil es dir keiner verrät, muss das Leben oft 'ne Menge anstellen,

damit du kapierst, dass du erst

WENN DU AUFGIBST …FREI SEIN WIRST.

Und plötzlich gibst du auf, hinter fremden Träumen herzulaufen.

Du gibst es auf, dich zu rechtfertigen.

Du gibst es auf, andere beeindrucken zu wollen.

Du gibst es auf, JA zu sagen, wenn's ein NEIN in deinem Herzen ist.

Du gibst es auf, dein Leben zu leben, wie es anderen gefällt.

Und mit jedem Aufgeben, von etwas

WAS DU NICHT BIST,

kommst du dir Schicht für Schicht immer näher.

Und unter all diesen Schichten

findest DU DICH…!

Und dieses ICH

ist jetzt FREI, wissend,

dass es nicht MEHR braucht,

um glücklich zu sein.

Du bist auch ...

* der Schmerz, den niemand sieht
* die Sehnsucht, die du nicht erfüllst
*die Gedanken, die du nicht teilst
* die unausgesprochenen Worte
* die Tränen, die du nur alleine weinst
* das Gesicht, was keiner kennt
* Fragen, die dich nicht loslassen
* die Angst, die du nicht zeigst
* deine verzweifelten Momente
* die Seiten , die du nicht magst an dir
* die Hoffnung, die strauchelt
* das Gefühl, wenn man fällt
* das Strahlen, das du viel
  zu oft vergisst
* all die stillen Kämpfe in dir
* das Mühen, hineinzupassen
* der Wunsch geliebt zu sein

Mach es einfach,

weil die Zeit rennt, weil dein Herz dafür brennt.

Weil's nie leichter und der Zeitpunkt dafür nie besser wird.

Weil es außer deinen Lieblingsmenschen keinen interessiert.

Mach es, weil's dich glücklich macht.

Weil dein Herz spürt, du hast einfach mal an dich gedacht.

Mach es, weil's dir guttut und dir Hoffnung bringt.

Weil's dir wieder Mut macht und

hey, womöglich gelingt.

Mach es, weil's egal ist was passiert.

Weil's nie ein Fehler, aber sicher eine Erfahrung werden wird.

Mach es, weil dein Herz daran hängt, weil so jede tolle Geschichte anfängt.

Mach es, weil's sonst für immer nur in deinem Kopf wohnt,

und sich auf jeden Fall lohnt.

Weil du's, wenn du es nicht tust, irgendwann bereust.

Mach es, weil du damit Glitzer in dein Leben streust.

Mach es, bevor die Chance verstreicht und alles, wie immer bleibt.

Mach es damit dein Leben bunter schmeckt

und deine Seele checkt, dass du lebendig bist

und liebst, was alles möglich ist.

Manchmal lass ich meine Hand los und spring,

wissend, ich kann verlieren,

aber dass ich gleichzeitig gewinn.

Egal wie es endet…find ich meine Hand,

und helfe mir wieder auf die Füße, in dem Stand.

Hey, worauf wartest du denn?

Was muss denn erst passieren?

Warum ist dir nicht egal, dass die anderen es nicht kapieren?

Wovor hast du wieder Angst? Du kannst doch keine Fehler machen.

Du lebst doch auch zum ersten Mal und Ja, es könnte jemand lachen.

Aber ob das wirklich noch wichtig ist, wenn du morgen traurig bist,

wieder nicht, gelebt, geliebt, gelacht,

wieder statt alles gefühlt, zu viel gedacht zu haben?

Keiner kommt und lebt für dich.

Keiner bringt dir den Moment zurück.

Keiner hört dein Herz, das ruft:

„Warum hast du es nicht wenigstens versucht?“

Du sitzt am Ende da mit dem Gefühl, dein Leben nicht zu tanzen,

mit den dahinrieselnden Jahren, den nicht ausgepackten Momenten

und den verpassten Chancen.

Deshalb mach das mal. Geh da raus. Leb dein Lieblingsleben.

Denk viel öfter mal EGAL! WARUM NICHT!

Denk viel öfter mal an DICH!

Nimm dir was du brauchst

* rosarote Brille * 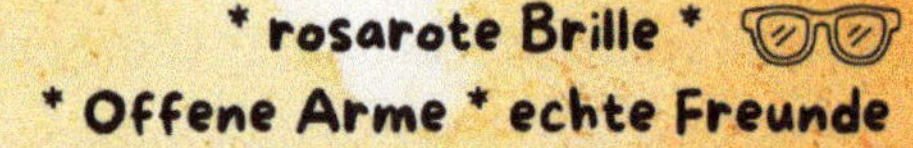
* Offene Arme * echte Freunde
* ein Prinz auf'm Pferd * MUTivation*
* Glitzer auf dem Boden der Tatsachen *
* gute Neuigkeiten * erfüllte Träume *
* einen Tag ohne TO DO'S * gute FEE *
* Ganzkörpermassage* Schutzengel *
* Chancen zum ergreifen * Zauberstab *
* Umarmung * einen Wunsch frei *
* SeelenWellnessZeit * Brause im Herz *
* heile Welt im Gefühl *neue Perspektive *
* 1 Mal pusten und alles ist GUT *
* Stille * Liebe die bis zum Ende währt*
* Herzpurzelbäume * Frühling in Gedanken *
* Lieblingsmenschen * echte Nähe *
* tiefe Verbindungen * Gesundheit *
* Lebensfreude * miteinander * Konfetti *
* Lächeln * ein Wunder * Selbstliebe *
* Mut dagegen zu sein * Sonne *
* Schaukeln gehen * Happy End *

Weißt du was?

Du solltest es riskieren!

MACH WAS VERRÜCKTES.

MACH WAS NEUES.

NUTZ DIE CAHNCE.

und JA…ICH WEISS,

deine Komfortzone ist großartig,

deine Couch so schön gemütlich

und dein Bett, der schönste Ort der Welt.

Aber ich verspreche dir, irgendwo da draußen,

wo du dich vielleicht sogar ein bisschen verloren fühlst,

warten Orte, wo du Teile von dir findest,

von denen du nicht mal ahntest,

dass sie in dir zu Hause sind.

Wenn du dich fragst WOFÜR ....

* für das Kind in dir
* für dein glücklicheres Morgen
* für fast vergessene Träume
* für die Weißt du's noch Momente
* für die Freude beim Machen
* für die besten Geschichten,
  die genauso beginnen
* für die unvergesslich Gefühle
* für dein Herzlächeln
* für die Schmetterlinge im Bauch
* für die Magie des inneren Friedens
* für neue Blickwinkel
* für tiefe Verbindungen
* für den Seelensommer in dir
* für die Liebe , die sich
  verschenken will
* für DICH !

Du bist doch auch nur ein Mensch

Du musst nicht immer funktionieren.

Du darfst Schwächen haben und das Leben manchmal nicht kapieren.

Du darfst weinen, wenn dir danach ist und Tage doof finden.

Du darfst, statt auf alle andren auf dein Herz hören

und du musst es nicht begründen.

Du darfst etwas nicht schaffen und es einfach nochmal versuchen.

Du darfst fallen und dabei „Scheiße" rufen.

Aber danach musst du wieder aufstehen und dein Herz geraderücken,

dir den Sonnenaufgang ansehen und in Gedanken

dein Leben wieder bunter schmücken.

Du musst verstehen, dass doofe Tage auch

ein Teil von einem tollen Leben sind

und wer Fehler macht, einfach wieder neu beginnt.

Du darfst nicht vergessen, dass ein Mensch nur menschlich bleibt,

mit all dem Weichen, all den Schwächen und dem, was er nicht so gerne zeigt.

Und auch, wenn du es manchmal besser weißt,

konntest du's in dem Moment nicht besser machen.

Und das meiste, was dir so passiert

ist irgendwann Erinnerung, über die wir lachen …!

Ich würde dich gerne
an die Hand nehmen,
mit dir den Weg gehen,
so wie damals
die MONSTER im KOPF besiegen.
Wünschte, mein Glaube an dich
würde genügen,
die Scherben im Herz zu kleben,
dir das Lächeln zurückzugeben,
ganz ohne Aber's und Kompromiss
 einfach, weil du
so wundervoll bist.
Ich kann's nicht gut vertragen,
dein Glück nicht mehr
in der Hand zu haben.
Aber ich bin HIER
und leuchte ihn für dich aus ,
den Weg zu mir...!

Du schaffst das

Du schaffst den nächsten Schritt und

dabei liebevoll zu bleiben.

Du schaffst es jeden Tag neu anzufangen und

deine Geschichte achtsamer zu schreiben.

Du schaffst dir irgendwann

auch selbst die Liebe schenken,

die du andren gibst.

Du schaffst es deine Träume auch zu leben

und dass du sie nicht nur verschiebst.

Du schaffst an dich zu glauben

und deine Ängste überwinden.

Du schaffst auch wieder glücklich sein und

deinen Wert auf dieser Welt zu finden.

Du schaffst was du dir wünscht,

das hast du auch bis hier.

Wenn du magst, nimm meine Hand,

dann helfe ich dir.

Angst ist nicht umsonst.

Sie kostet dich mehr als du denkst.

Sie ist das Teuerste, was dir gehört.

*

Und manchmal ist es gut

alles zu verlieren,

was nicht für dich gedacht ist.

*

Vielleicht kannst du leichter lieben,

mit der Angst, es könnte dir

abhandenkommen.

*

Und wenn du so verrückt bist zu denken,

du kannst die Welt verändern,

dann veränderst du sie.

*

Eines Tages wird es aussehen, als wäre es

über Nacht passiert.

ANGST

Manchmal, wenn es mir Angst macht, was in der Welt passiert

und es sich anfühlt, als spielt sie verrückt,

dann denk ich an die schönen Dinge hier.

Ich denk an all die wundervollen Herzen, an all das Glück,

dass die Härte aufwiegt.

Ich denk daran, dass es Menschen gibt, die in diesem Moment

Rollstühle für Hunde bauen und Fremden Kaffee spendieren.

Menschen, die noch Liebesbriefe schreiben

und andre Herzen heilen, die grade nicht richtig funktionieren.

Menschen, die die hässlichste Katze im Tierheim adoptieren.

Menschen, die mit Luftballons und Blumen an Flughäfen

auf Lieblingsmenschen warten.

Menschen, die Freude teilen, auf so viele Arten.

Menschen, die Käfer retten und sie an sichere Orte bringen.

Menschen, die an Betten sitzen und Hände halten,

während andre mit dem Leben ringen.

Menschen, die so viel Licht in diese Welt hier bringen,

dass ich vergesse, was mich traurig macht,

weil da so viel mehr Schönes ist als gedacht.

Und dann klopft das GLÜCK 🙂 plötzlich an und flüstert... DU BIST DRAN !!!

Hätte ich einen Wunsch frei

Hätte ich einen Wunsch frei, dann würde ich ihn dir geben,

damit du glücklich bist und es dir basteln kannst, dein Lieblingsleben.

Ich würde deinen Rucksack tragen,

dem Universum deine geheimen Wünsche sagen.

Die Wolken würde ich verschieben,

die Monster in dir würde ich besiegen,

die Steine auf dem Weg bemalen

und wie die Sonne für dich strahlen.

Du kannst dich jederzeit in meine Arme retten.

Ich würde Alles auf ein Wunder für dich wetten.

Deine Gefühle sind bei mir in Sicherheit

und ich will, dass du weißt, wenn du mich brauchst,

ich habe immer für dich Zeit.

Es tut mir weh, wenn ich sehe

es geht dir grad nicht gut

und ich werde alles, wirklich alles tun,

damit es nicht so bleibt.

Vielleicht ist gerade die Zeit dich zu finden,

deshalb ist es okay…

ein bisschen verloren zu sein.

*

und vielleicht ist es der Sinn des Lebens…

uns mit uns selbst bekannt zu machen.

*

Für das wahre Leben ist es nie zu spät.

*

Da ist immer irgendwo ein Neuanfang,

der leise lächelnd auf dich wartet.

*

Liegt es nicht in deiner Hand,

verdient es Frieden in deinem Kopf.

"People pleaser"

Du bist der Mensch, der immer lächelt.

Dich kann man fragen, du bist da.

Du hast eine Hand, ein Herz für Alle,

nur deine Grenzen nimmst du gar nicht wahr.

Du bist der Freund, den man im Leben braucht,

du verstehst die Sorgen, Nöte aller und verzeihen kannst du auch.

Du willst gefallen, nett sein, machst es allen recht,

du überhörst dein Herz, das flüstert…

„Hey, es geht mir grade schlecht."

Du willst nicht anecken, nur mal kurz die Welt retten

und setzt deine jeden Tag aufs Spiel.

Hey, hör mal auf damit und mehr auf dich!!

Du weißt es eigentlich,

das wird jetzt grade echt zu viel!

*

Herzreminder: " Pass auf dich auf!"

Hab keine Angst jemand zu sein..

* mit dem sie nicht umgehen können
* der aus der REIHE tanzt
* der nicht in ihre Schubladen passt
* der es ANDERS macht
* mit Ecken und Kanten
* der andere überstrahlt
* der auch an sich denkt
* der mal Hilfe braucht
* der für sein GLÜCK kämpft
* der seine TRÄUME lebt
* der MEHR vom Leben will
* der ANDERS empfindet
* der ist, was er sein WILL!

@ONEMOMENT4YOU

Du machst das gut, lass dich nicht unterkriegen

und was du tust, das kann nicht jeder lieben,

aber darum geht es auch nicht.

Es geht vor allem doch um dich

und dass du liebst, was du machst und dafür brennst,

dass du willst, was du tust und dich in allem

was daraus entsteht, immer erkennst.

Schau nicht so oft nach links und rechts, sonst geht's dir schlecht.

Dein wundervolles Herz und alles, was du erschaffst,

ist so besonders und lässt sich nicht vergleichen.

Es muss für nichts und niemanden hier reichen.

Es geht darum was da in dir passiert,

wenn aus Träumen Greifbares wird,

wenn Wind die Flügel der Fantasie ergreift,

dein Glitzern auf den Boden fällt und ein Meer aus

zauberbuntem in Herzen reift, …weil es dich gibt.

Weißt du es geht darum, dass man tut, was man liebt.

Dein Herz ist dein Navi, das deinen Weg genau kennt

und es funktioniert am besten, wenn man nicht so viel denkt.

Spür mal richtig hin, dann wirst du ihn erkennen, deinen wahren Sinn.

Irgendwann

Irgendwann wirst du wieder glücklich sein.

Irgendwann fällt das Schwere wieder leicht.

Irgendwann findet dich der Sonnenschein.

Irgendwann fühlst du dich mit deinem kleinen

"Alles, was du hast" unendlich reich.

Irgendwann kommt all das

was du hier verschenkst zu dir zurück.

Irgendwann merkst du, du bist selbst dein Glück.

Irgendwann wird deine Suche enden.

Irgendwann hältst du das, wovon du träumst, in deinen Händen.

Irgendwann wird alles relativ.

Irgendwann entdeckst du, was so lange in dir schlief.

Irgendwann umarmt es dich, dein Leben.

Irgendwann da lohnt sich alles,

auch dass du dein Licht in diese Welt gegeben …hast

und dass du alles, was du tust, mit Liebe machst.

Und ich bin mir sicher, dass du über den Gedanken-Pups

und die Sorgen, die du hast, …irgendwann dann lachst.

Du bist ein Musketier

Du bist ein Musketier, so mutig, stark,

ein Kämpferherz, das jeder mag,

deshalb erwartet man das auch von dir.

Dabei würdest du dich gerne fallen lassen,

schwach sein dürfen, weinen, nicht in Raster passen.

Keiner sieht, wie hart es ist, wie du hierhergekommen bist.

Wie viel Zweifel und am Boden liegen,

wie viel Tränen, Hoffnungslosigkeit und nicht genügen

hinter einem liegt, wenn man in den Krieg gegen sich selber zieht.

Du bist ein Fighter, Kämpfer, Stürmer, Wegbereiter,

aber in dir drin, fragst du dich manchmal nach dem Sinn.

Was mach ich hier? Wo will ich hin? Wie finde ich zu mir?

Und keiner ahnt, wie weich du bist,

dass deine Stärke nur eine Mauer vor deinem magisch bunten Herzen ist.

Und du träumst davon sie einzureißen,

all das konfettibunt gefühlte in die Welt zu schmeißen.

Nicht mehr zu sein was andre denken, dass du bist!

Du träumst davon, wie wundervoll so frei sein ist.

Du könntest...

WENIGER	MEHR
Suchen	Bei dir sein
Vermuten	vom Guten ausgehen
Erwarten	Verschenken
Denken	Leben
Brauchen	Genießen
Träumen	Machen
TUN	LASSEN
Hetzen	Innehalten
Zweifeln	Tanzen
Warten	Anfangen
Bescheiden sein	Gönnen

Wir sind so verletzlich und trotzdem so stark.

Wir sind so unglaublich weich und zu uns selbst so hart.

Wir sind so einmalig und sehen es nicht.

In so vielen Momenten, sind wir ein Licht.

Wir sind auf der Suche, nicht wissend wonach.

Wir sind unsere Reise, Tag um Tag.

Wir wollen etwas werden, statt einfach zu sein.

In dem unendlichen Universum fühlen wir uns klein.

Wir haben vergessen, wo die Magie in uns liegt,

wie man neugierig bleibt und bedingungslos liebt.

Wir haben vergessen, wie man wirklich vertraut,

wie man dem Leben seinen Lauf lässt und an ein gutes Ende glaubt.

Auf der Suche nach dem Sinn, haben wir uns selbst vergessen.

Auf dem Weg zu uns hin, geht's ums Kräfte messen.

Von dem Leben, das wir wollten, träumen wir nicht mehr

und alles in uns sehnt sich danach so sehr,

dass wir unsren Mut wiederfinden, uns in uns selbst verlieben,

uns ohne Suche nach Gründen, einfach mal genügen.

Dass wir uns wert sind unser bestes Leben zu leben,

denn genau dafür wird es uns gegeben.

Du bist ein PHOENIX

Wie eine Blume im Asphalt,

kämpfst du dich durch und bist dir selbst Halt.

Du lässt mich leise staunen,

Grenzen in ihren Köpfen, sind nicht deine.

Schritte machst du oft nur kleine, zur Not alleine,

aber du gehst,

mit diesem Traum im Herz für den du lebst.

Und weißt du was?

Der Mut, den du hast, der steckt mich an.

Er lässt mich glauben,

dass auch mein lang geträumtes Wunder

noch passieren kann.

Du bist wie Energie, die überspringt,

ein magischer Funke, der nicht nur seine Welt erhellt.

Du bist wie eine Sinfonie, die in andren weiterklingt.

Du bist der Song, den mein Herz jetzt singt, wenn es tanzt.

Und ich glaube, dass du Alles, wirklich Alles, schaffen kannst.

HEY DU,…

VERGISS MAL NICHT

Da draußen gibt es Menschen

deren Augen fangen an zu strahlen,

wenn Sie dich sehen.

Die sich eine Welt ohne dich

nicht vorstellen können.

Und das liegt nicht daran

was du zu bieten hast

oder was du für sie tust.

Nein, du allein bist der Grund.

Es ist, weil du bist…

wie du bist!!!

Du bist nicht was sie alle sagen

Du bist nicht mal, was du selbst manchmal von dir denkst.

Du bist all die schönen Taten

und die Glückssekunden, die du schenkst.

Du bist Worte, die Gefühlsabdrücke hinterlassen.

Du bist unvergessene Küsse

und Mut, den andre durch dich fassen.

Du bist Fußabdrücke im Sand

und Spuren, die du in Seelen machst.

Du bist eine haltende Hand

und das hübsche Gesicht, wenn du lachst.

Du bist Augen, die sprechen, ohne was zu sagen.

Du bist Gedanken, die Liebe um den Erdball tragen.

Du bist nicht nur was du im Spiegel siehst.

Du bist, was du hier Wundervolles von dir gibst.

Du bist, was du erschaffst, alles, was du bunter machst.

Du bist das Licht, das strahlt

wenn du die Tür zu deiner Seele nicht verschließt.

Und das Schönste, was du bist…ist was passiert, wenn du liebst.

PoeSie
die deinem Herz noch fehlte
PARIS
LIEBE
you
make
my heart
happy x
@onemoment4you

Und manchmal finden sich zwei

die nicht mal wussten,

dass sie sich suchen.

Und sie schaffen es,

sich gegenseitig GUT zu TUN,

was ziemlich selten ist.

Sie fangen an sich zu mögen

und mögen sich immer mehr.

Und das Leben lächelt hinter ihrem Rücken,

weil sein Plan funktioniert.

Es hat ihn mit den Herzen ausgeheckt,

weil so ein Kopf

die besonders mutigen Pläne sabotiert.

Aber am Ende wussten die Zwei

dass man was Tolles gewinnt,

wenn man sein Herz verliert.

Ich weiß nur wegen dir, was LIEBE ist

Nur wegen Dir weiß ich, dass Hände sprechen können

und in den richtigen Armen, der echte Sommer liegt.

Ich weiß, dass Herzen das ganze Leben weiterwachsen

und dass es glücklich macht, wenn man etwas von sich gibt.

Ich weiß, dass man durch Worte in Träume fällt

und hinter Augen wartet eine ganze Seelenwelt.

Ich weiß, dass keine Worte nötig sind, wenn man sich hält.

Ich weiß nur wegen dir, dass Schweigen eine Antwort ist

und Bleiben ein Beweis.

Ich weiß, dass Nähe manchmal wie ein Pflaster ist

und Zeit zusammen ist der schönste Preis.

Ich weiß, dass Haben keine Rolle spielt

und das Universum uns an die richtigen Orte spült.

Ich weiß, dass wir dem Wort erst die Bedeutung geben

und sie ist eigentlich der Sinn im Leben…diese Liebe.

Ich weiß, sie ist was übrigbleibt,

egal in welchem Leben,

an welchem Ort, in welcher Zeit.

Du machst...

* SÜCHTIG
* GLÜCKLICH 🙂
* Dummheiten in mir
* mich BESSER
* mich FERTIG
* ALLES schöner hier
* die beste Pasta
* WUNDER
* TRÄUME wahr

Und du machst, dass ich ständig denke,
" VOLL SCHÖN Du bist da!"

Wenn man sich so eine LIEBE traut,

so eine echte, ehrliche, grenzenlose Liebe,

dann ist das ganz schön mutig.

Man zieht seine Gefühle aus bis auf die Seelenhaut,

und riskiert, dass man verletzt wird.

Man hofft, dass es nicht passiert, hofft dass das Herz sich nicht irrt,

denn es glaubt an diese Liebe.

Man hofft auf eine Seele, die im gleichen "MOOD" schwingt,

mit der etwas Wundervolles beginnt, etwas

dass sich das Herz in Träumen schon ausgemalt hat

und ohne das man nicht leben will.

Und manchmal meint es das Leben gut mit uns

und schickt und einen echten Lieblingsmenschen.

Einen, mit dem man es für immer aushalten kann,

ohne dass man zum Amokläufer wird,

ohne den man nicht mehr sein will, bei dem sich das Herz nicht irrt.

Und irgendwie ist das wie ein Lottogewinn des Lebens,

wie ein Sechser im Gefühl, den jeder haben will.

Deshalb, falls du gerade neben so einem Volltreffer sitzt,

nimm ihn doch jetzt einfach in den Arm, halt ihn ganz fest und sag…

„Schön, dass es dich gibt…Schön, dass du in meinem Leben bist!"

Manchmal da treffen sich ZWEI
und finden sich GUT.

MÖGEN sich
und sagen's erst mal nicht.
MÖGEN sich MEHR
und irgendwann SO SEHR,

dass sie sich "OHNE DEN ANDEREN"
NICHT mehr vorstellen können
und dann
werfen Sie Ihre LEBEN zusammen,
geben ihren PLÄNEN neue NAMEN,

BASTELN sich GEMEINSAM GLÜCK,
SCHENKEN sich ein GROßES STÜCK
VON SICH.

ZWEIFELN NICHT ,
zweifeln keinen MOMENT,
weil diese ART von LIEBE...
ANGST NICHT KENNT.

ES GEHT UM DIE

die dich zurück lieben, die dir Happy End Geschichten schreiben.

Es geht um die, die wollen, dass du glücklich bist,

die auch in dunkelbunten Zeiten bei dir bleiben.

Es geht um die mit denen du dich richtig fühlst ganz ohne,

dass du dich bemühst.

Es geht um die die wie die Sonne für dich sind,

die wollen, dass du blühst.

Es geht um die die ihre Liebe zu dir nicht verstecken,

das Kind in dir zum Spielen wecken,

spontanen Blödsinn mit dir machen und dich zum Lachen bringen,

obwohl dir danach nicht zumute ist.

Es geht um jene die dich nehmen, wie du bist,

die ihre Sorgen mit dir teilen, mit dir gemeinsam heilen.

Es geht um die die schon von weitem lächeln, wenn du kommst,

mit dir ist ihre Lieblingszeit.

Zusammen fühlt sich an wie heile Welt, wie Kindheit,

Freibadpommes, Leichtigkeit…

Und alles, was ihr liebt, wird noch viel schöner, wenn ihr's teilt.

Und alles, was ihr euch wünscht, ist dass das zwischen euch…für immer bleibt.

* soooo schön dass wir gleichzeitig leben
* ich mag dein MÄRCHEN sein
* so'n Tag hat viel mehr Glimmer mit dir
* zum vermissen brauch ich eigentlich nur dich
* fühl dich wie ZUHAUSE in meinem Herz
* ich mag die Pipi Langstrumpf in dir
* du bist Plan A mein Herz hat keinen Plan B
* ich feier all dein wundervoll verrücktes PIPAPO
* du bist mein SCHALLALA im Tag
* ich will nichts von dir, ich will alles MIT DIR
* du passt einfach genau in die leere Stelle meines Herzens
* mein Herz mag deins einfach ...BASTA
* du bist alle ABER'S wert

xoxo

@onemoment4you

Lieb jemanden, der dir Flügel schenkt,

der liebevoller als du selber an dich denkt.

Der an dich glaubt, wenn du es grad nicht kannst,

der spontan mit dir durch die Küche tanzt.

Der keinen Augenblick mit dir bereut

und sich von ganzem Herzen neidlos mit dir freut.

Der deine Träume mit dir lebendig macht und auf dein Herz aufpasst.

Dem es egal ist, was die Welt über dich sagt,

der alles an dir, sogar deine "Beklopptheiten" mag.

Mit dem sich Seelennähe gut anfühlt, der dir die Show nicht stiehlt.

Lieb jemanden, der deine schönsten Seiten zum Vorschein bringt,

mit dem dir Leben so viel leichter gelingt.

Lieb jemanden, der das Kind in dir aufweckt,

mit dem sogar der Alltag, wie Abenteuer schmeckt.

In dessen Herz ganz viel Liebe für dich steckt

und jedes Blöd im Leben, euch noch mehr vereint.

Lieb jemanden, der es gut mit dir meint

und einfach will, dass du glücklich bist.

Lieb jemanden der will, dass alles an dir bleibt, wie es ist…

weil du so unperfekt, einfach PERFEKT bist!!!

LIEBE ist...

Soft und süß
und wärmend und
sonnengelb und
voll mit schönen Absichten
und bunten Gefühlen und
überhaupt das
ALLERTOLLSTE,
was das Universum
zu bieten hat...
eigentlich

WIE DU !!!

MIT DIR

Mit dir ist Stille wunderbar ausgefüllt.

Mit dir scheinen die Sterne sich viel mehr Mühe zu geben.

Mit dir wird's erst ein Farbfilm

und es fühlt sich leichter an, das Leben.

Mit dir kichert das Kind in mir und auf der Schaukel

im Gefühl flieg ich ins Himmelblau.

Mit dir ist Zeit, die wir dem Alltag stehlen,

in die ich gern durch eine rosarote Brille schau.

Mit dir ist das mit der Liebe im Leben inklusive

und jedes Gefühl darf sich entfalten, wie ein Schmetterling.

Ich denk nicht drüber nach, was ohne dich noch übrigbliebe.

Im Augenblick ist unser WIR…mein Sinn.

Was kümmert mich mein Irgendwann, denkt sich mein Herz

und lehnt sich ganz vertraut und liebevoll an deinem an

und seufzt, weil's glücklich lächeln kann,

MIT DIR.

Mit DIR... 🙂

* hat es ein DAUERGRINSEN ..mein HERZ
* verstehe ich die Relativitätstheorie
* brauche ich das TEMPO
der Welt NICHT mitzuhalten
* führ ich KEINEN Krieg mehr in mir
* hab ich Happy sein, gefühlt verdient
* gibt es für ALLES eine Lösung
* und wenn's keine gibt dann
hältst DU MICH.
* krieg ich das hin, weil ich
NICHT alleine bin.
* brauche ich gefühlt...nicht MEHR!
* fühl ich mich SICHER in einer
Welt in der nichts sicher ist
* fühl ich mich nicht mehr zu KLEIN
für all meine GROßEN Träume
* hat ZUHAUSE ein Gesicht bekommen,
ARME zum hineinfallen lassen
und irgendwie gibt es da draußen
NICHTS mehr zu verpassen.

Es geht um HERZEN die stolpern und fallen.

Herzen, die sich wünschen, sie wären in einem anderen HERZEN
das WICHTIGSTE von allen.

HERZEN, die sich selbst verlieren und viel zu oft, viel zu spät kapieren,
dass sie für sich selber schlagen.

HERZEN, die Zweifel haben richtig zu sein.
HERZEN, die alleine sind in einer Welt, in der viel zu oft
das HERZ nicht mehr gewinnt.

HERZEN, die nicht mehr an die Liebe glauben.
HERZEN, die sich Glücklich sein nicht mehr erlauben

HERZEN, die sich viel zu oft vergleichen.
HERZEN, die sich selbst nicht reichen.

Hier geht's um HERZEN, die ihr Flüstern nicht mehr hören.
HERZEN, die sich selbst zerstören.

Herzen, die immer auf der Suche sind,
verletzte HERZEN, die man NICHT so leicht gewinnt.

Es geht um HERZEN, die sich erinnern müssen,
lieben wieder üben und viel öfter küssen.

HERZEN, die wieder für sich selber schlagen sollten,

wieder fühlen, was sie wirklich wollten.
HERZEN, aus bunt gelebten Teilen,

die gemeinsam heller strahlen und viel leichter heilen

Wenn du WIRKLICH BERÜHREN willst...  **dann muss dein HERZ die Hosen runter lassen!**

@ONEMOMENT4YOU

Wenn du wirklich berühren willst,

dann muss dein Herz die Hosen runterlassen

und Gefühle offen tragen.

Du musst lieben, was du tust und alles was entsteht,

sollte etwas deiner Seele in sich haben.

Willst du wirklich berühren, darfst du nicht kopieren,

es muss authentisch und in dir geboren sein…

Ein Gedanke, der Flügel bekommt,

ein Gefühl, das beginnt zu blühen.

In dem was entsteht,

können andre deine Seele sehen,

die nicht nur eine unter vielen, sondern einzigartig ist.

Bring sie zum Strahlen wie eine Sternschnuppe,

die man nicht vergisst.

Die der Welt etwas schenkt,

wie ein Wunsch, der sich erfüllt

wenn man an sie denkt.

die sind wandelnde
SONNEN ,
pure, wunderschöne
ENERGIE,
ihre Worte wie
LIEBESBRIEFE,
ihr SEIN für
andere eine
GLÜCKS_THERAPIE
Sie sind GESCHENKE
vom Universum
und wissen es
FAST NIE ...

@ONEMOMENT4YOU

ICH SAGE, ICH MAG DICH ,
aber was ich eigentlich meine ist …

Du bist, wie ein Sternschnuppenwunsch,
der in ERFÜLLUNG geht,
wie Wind, der MICH ein Stück weit trägt,
wenn ich es selbst nicht kann.

Die Stimme im Kopf, die flüstert
"FANG NOCHMAL AN, weil die nächste,
die schönste Geschichte werden kann."

Du bist das BUNT in meinem GEFÜHLSfarbkasten,
die Pipi LANGSTRUMPF die ich in mir grad vermiss.

Du bist das NAVI meiner Herzumlaufbahn.
Du tust schon gut einfach, wenn du in der Nähe bist. .

Ich sage, ICH MAG DICH,
aber was ich eigentlich meine ist,
mein Herz macht nur bei dir die Türe auf.

Mein Mut traut sich ,
der Angst den Stinkefinger zeigen.
Wenn ich mir wünsch allein zu sein,
darfst du als einziger bleiben.

Ich verstehe mich selbst oft nicht, aber
mit dir verliert das Schwer in mir den Krieg.

Ich sage, Ich mag dich ,
aber eigentlich mein ich ..
ICH HAB DICH ZIEMLICH DOLL LIEB !

LIEB MENSCHEN
NICHT DINGE
BENUTZ DINGE
@onemoment4you
NICHT MENSCHEN

Lieb jemanden…

der das Kind in dir zum Vorschein bringt, der niemals aufhört zu flirten

und dir an deinen schlechten Tagen noch ein bisschen extra Liebe schenkt.

Lieb jemanden der mit dir im Regen tanzt, der Konfetti n deine grauen Tage streut

und eine Wildblumenwiese in deinen Herzvorgarten pflanzt.

Lieb jemanden der dein Gefühl nicht umkrempeln will,

der deine Ecken und Kanten schätzt wie Diamanten.

Mit dem es sich gut anfühlt ist man gemeinsam still.

Lieb jemanden dessen Lachen ansteckend ist,

mit dem sich Fantasiewolkenwelten erschaffen lassen,

mit dem du deine Lieblingsversion bist.

Lieb jemanden der seinen Mut mit dir teilt, dem ganz egal ist,

was andere über dich sagen. Der sich gerne mit dir zeigt.

Lieb jemanden der sich anfühlt, wie eine Kissenschlacht.

Mit dem du dir Unsinn treiben auch noch mit Ü50 vorstellen kannst

und der dich spüren lässt, er hat an dich gedacht.

Lieb jemanden, der dein Sprungtuch im Feuer wär, bei dem du, du sein kannst und

jeder Moment mit diesem Menschen glitzert etwas mehr.

Lieb jemanden der das Leben liebt, der da ist, wenn du ihn brauchst

und in seiner Nähe …liebst du dich selber auch!!

Liebe bedeutet nicht, seine Freiheit zu verlieren.

Es bedeutet, seine Freiheit mit jemandem zu teilen.

*

Und eigentlich wünschen wir uns doch alle nur

jemanden, der hinsieht.

*

Du hast mich nicht gewarnt, wie süchtig es macht,

wenn dein Herz mich umarmt.

*

Ich mag dich so viel mehr,

als ursprünglich geplant

*

Wir meinen immer einander,

wenn wir von Liebe sprechen.

Und irgendwie gibt's die Liebe doch nur wegen uns

wegen all der schlagenden Herzen, auf diesem bunten Planeten.

Nur wegen uns, weil wir doch aus Liebe gemacht sind,

weil wir sie austeilen können, mit vollen Händen,

in andre Herzen streuen, wie Samen.

Wir können die Liebe groß machen, zum WELTSTAR,

einfach nur, weil wir sie rauslassen aus unseren Herzen,

die Türen darin aufstellen und allem,

was in unsere Richtung kommt,

mit diesem wundervollen,

großartigen DING „LIEBE" begegnen.

Wir könnten einen LIEBESPLANETEN

aus diesem Ort machen.

Ich weiß, dass ganz viele Herzen zusammen

so eine Welt verändern schaffen.

Sie sagen die Liebe ist kompliziert,
aber das ist sie NICHT !
Wir sind kompliziert.
Die Liebe ist ganz einfach !

Sie steckt in einem kleinen LÄCHELN,
in einem "Schön dich zu sehen",
in dem "Pass auf dich auf"
beim auseinandergehen.

Sie ist, was dich berührt,
wird so ein Teil von dir.
Sie ist der einzig echte Sinn im HIER!

Sie ist der Sommer im Gefühl,
sie ist alles, was dir GUT TUN will.
Sie ist das " GIVE AWAY" vom Leben,
das wir uns viel zu wenig gönnen.

In allem was ist, steckt sie mittendrin.
Mit ihr bekommen wir
das alles hier viel liebevoller hin.

Sie ist in dieser Galaxy...
die KÖNIGIN

Wie kann man dich NICHT GERN HABEN?

Ich frag mich, wie man dich nicht gerne haben kann,

wie man deinem Wundervoll widersteht?

Wie man sich wehrt, gegen so ein schönes Herz,

dass so liebevoll für andre schlägt?

Du hast was an dir, was unglaublich kostbar ist

und ich glaube es liegt daran, dass du einfach bist…wie du bist.

Vielleicht ist die Welt noch nicht bereit,

für deine unverblümte Ehrlichkeit,

für jemanden, der seine Schwächen, so offen zeigt.

Ich mag dein Wild und auch dein Weich, du machst mein Leben reich.

Und deiner Art, dich in ein Herz zu schleichen,

der kann man einfach nicht ausweichen.

Als ich in meinem Herzen nach dem rechten sah, warst du plötzlich da und

hast schon aufgeräumt darin und mich erinnert, wo ich bin.

Du hast mich an die Hand genommen,

die Unwucht im Gefühl, die hast du wieder hinbekommen.

Manchmal frag ich das Universum, womit ich dich verdien'

und dann lächelt es nur und flüstert:

„Herzen, die lieben…sind einfach schön!"

Jemanden zu LIEBEN,
wenn ALLES GUT ist ... ist leicht.

Es gibt eine Version von Dir
die ist ganz LEICHT zu LIEBEN,
wenn deine SEELE Sommerkleider trägt,
dein HERZ BUNTER schlägt.

Wenn du mit dem LEBEN
um die WETTE STRAHLST,
die Steine auf dem Weg bemalst
und so WUNDERSCHÖN aussiehst,
dich sogar ein bisschen selber liebst.

Die Version von dir zu LIEBEN ist nicht schwer,
aber wirklich LIEBEN bedeutet so viel mehr ...

Wahre Liebe beginnt, wo das
DUNKELBUNT in deinem Kopf gewinnt,
du dich verirrst im Labyrinth aus Zweifeln,
an Tagen ohne BUNTE SCHLEIFEN.

Dann, wenn am Ende deiner heilen Welt
noch jemand seine Arme für dich offen hält
und deine unliebsamen Teile liebt,
dir das Versprechen gibt...

EGAL WAS IST ,
dass du in diesen ARMEN
ZUHAUSE bist.

Poesie die deinem
Herzen noch fehlte
TRAUER
- i miss you
@onemoment4you

TRAUER, ist das

HEIMWEH unseres HERZENS

nach denen, die wir liebten.

*

Hoffnung ist die leise Stimme

die dich im Sturm trifft

und flüstert,

da ist so viel mehr

als du sehen kannst,

in diesem Moment

Ich schick dir diese kleine weiße Feder,

weh sie dir auf den Weg

und höre zwischen Wolken zu, wie dein Herz

ein bisschen schneller schlägt.

Ich mal dir einen Regenbogen,

der ganz besonders strahlt,

damit er dir ein Lächeln um die Augen malt.

Ich schick dir einen Schmetterling,

damit du nicht vergisst,

wie wundervoll und schön du für mich bist.

Ich schick dir diese kleinen Zeichen,

damit du weißt, dass ich dich seh'.

Ich verpacke sie für dich in Liebe,

damit du spürst,

Alles ist okay.

DAS IST FÜR DICH,

wenn dir grade nicht zum Lächeln ist,

in all dem Glitzern und dem Lichterkettenlicht,

weil du einsam bist,

weil du den Menschen vermisst,

weil du denkst, dass dich die Welt vergisst.

ICH SEHE DICH!

Das ist für dich, wenn dir zwischen all den Wünschen

nur das eine fehlt,

dass man nicht kaufen kann für Geld,

für das es noch ein Wunder braucht.

ICH HÖR DIR ZU, ZEIT HAB' ICH AUCH.

Das ist für dich, wenn dir dein Rucksack

grad zu voll ist ihn allein zu tragen,

weil wir doch alle mal zu "KRASSES"

auf dem Herzen haben.

Stell ihn mal ab und setz dich neben mich.

ICH WÄRE GERN DA FÜR DICH!

Manchmal wünschte ich Du wärst wieder hier

Wünschte du würdest mich an deine starke Hand nehmen,

mit mir ein Stück Weg gehen,

wünschte du wärst bei mir.

Du warst meine Superheldin, du warst so stark, entschlossen

und es war so viel Liebe für mich, in deinem Mammutherzen drin.

Du warst der Superkleber meiner Welt, hast dich vor mich gestellt,

du hast wortlos Fäden gezogen und mich nie belogen.

Du warst meine "Gute Fee"

und wenn ich uns zwei auf alten Bildern sehe,

dann spür ich deine Energie und du scheinst da zu sein…

ich weiß nicht wie.

Deine Augen finden mich, mein Herz schlägt wieder im Takt,

die Realität verändert sich,

alles fühlt sich kurz leichter an, durch dich.

Irgendwie kinderleicht, wie damals, als noch eine Umarmung reicht.

Um meine Welt zu flicken, musstest du mich einfach drücken.

ABSCHIED

Abschied ist ein viel zu schwaches Wort für

"Immer ohne dich sein!"

Abschied ist wie Küsse ins Leere,

ein Tag ohne Licht,

wie haltloses Fallen,

ein Wir ohne dein Gesicht.

Abschied ist wie ein Himmel ohne Sterne,

wie Mut, ohne Wille,

wie krasse Sehnsucht nach der Ferne,

wie ein Meer in unnatürlicher Stille.

Wie ein Raum ohne Inhalt,

ein Herz in unbeschreiblicher Schwere,

wie ein Tag ohne Sonnenaufgang,

die plötzliche Einsamkeit in der Leere.

Abschied ist die Sehnsucht, nach dem Zuhause Gefühl in mir

und die Angst vor dem "Für immer Schweigen".

Es ist die Unerträglichkeit ohne unser WIR

und die Stärke, seine Schwäche zu zeigen.

Poesie die deinem
Herzen noch fehlte

Selbst
liebe

you are worthy

@onemoment4you

ICH SEHE WAS, WAS DU NICHT SIEHST

Ich sehe die Schönheit in deinen ungeliebten Seiten.

Ich sehe, wie Kopf und Herz sich leise in dir streiten.

Ich sehe, wie schwer du es dir manchmal machst

und wie du trotzdem immer lachst.

Ich sehe das Glitzern, das du in andre Leben streust.

Ich sehe, wie wundervoll du dich an Dingen freust.

Ich sehe, wie hoffnungsvoll dein Herz noch ist,

obwohl du schon so oft gefallen bist.

Ich sehe den Mut in deinen Augen,

wie du dir wünscht du würdest viel mehr an dich selber glauben.

Ich sehe das Kind, das gerne vorlaut wär'.

Ich sehe den Träumer, der sich wünscht' er traute sich viel mehr.

Ich sehe deine Schwächen, die du so gern versteckst.

Ich sehe deine Sanftheit, die möchte,

dass du sie viel öfter weckst.

Ich sehe deine Seele, die so um deine Liebe ringt.

Ich sehe deine Geschichte und wie sie sich wünscht,

dass sie endlich beginnt.

DU BIST...
EINE WUNDER- SCHÖNE SEELE
GOLD. RICHTIG
So BAM
SOMMER IM GEFÜHL
PURE MAGIE
WUNDER VOLL
EIN GESCHENK
GELIEBT
TOLL
WIE SONNEN- SCHEIN
WIE BRAUSE IM HERZ
EIN STÜCK VOM GLÜCK
WOW
GRAD MAL WICHTIGER

ICH WÜNSCH MIR, DASS DU GLÜCKLICH BIST

Wünsch mir, dass du dich nicht mit den Augen derer siehst,

die nicht in der Lage sind, dich zu lieben,

sich für dich zu entscheiden,

sondern mit den Augen derer, die bleiben.

Ich hoffe, dass du niemals aufgibst, wer du bist,

selbst wenn da jemand ist, für den du denkst,

dass es sich lohnt.

Ich hoffe, du bewahrst dir all die Magie, die in dir wohnt.

Ich hoffe, du stellst dein WUNDERVOLL niemals in Frage,

nur weil da jemand ist, der es nicht sieht.

Ich hoffe so sehr, dass du dich liebst und es besser machst,

als es jemals jemand anderes kann.

Ich hoffe du zweifelst nie daran, wie einzigartig und wertvoll du bist

und dass da etwas Größeres, als jedes Menschenherz ist,

das wollte, dass du hier bist.

Ich hoffe, du erlaubst dir selbst

all das zu sein, was zu sein du liebst.

Ich hoffe, dass du dich durch deine eigenen,

SELBSTLIEBEVOLLEN Augen siehst.

Ich hoffe du findest den Ort,

an dem jedes Gefühl in dir flüstert…"WIR BLEIBEN!"

Ich hoffe du kannst deine eigene Geschichte schreiben.

Dass du nicht aufgibst,

wenn du dich noch nicht ganz liebst,

denn du bist so leicht zu lieben, wenn du dich lässt.

Ich hoffe du verliebst dich wieder neu ins Leben…

jeden Tag, damit es wieder BÄM

in deinem Herzen macht,

sich besser anfühlt als gedacht.

Und denk daran,

DAS LEBEN KOMMT AUS DIR

NICHT ZU DIR UND DU BIST DER PLAN!

Jeder Tag ist der Anfang eines neuen kleinen Lebens und steckt voll mit Geschenken.

Jeden Tag passiert nur das, was du dich traust. Jeden Tag wünscht sich alles in dir deine Liebe.

Jeder Tag wünscht sich, dass er in Zukunft deine schönste Erinnerung bliebe.

Jeden Tag ist alles möglich, woran du glaubst.

So'n Mensch
wie du... 
ist wie ein
ENGEL,
den der
HIMMEL
schickt ..
nur er selber weiß es nicht

Hey Lieblingsmensch

Ja du bist gemeint, der Mensch, dem ich das viel öfter sagen könnt.

Weil es sich da drinnen gut anfühlt, wenn man es ehrlich meint,

und es die Sonne ersetzt, wenn sie gerade nicht scheint.

Weil man es irgendwann glaubt, wenn man es oft genug sagt.

Weil man so lernt, dass man sich lieber mag.

Weil dieses Lächeln unbezahlbar ist,

wenn man es ins Herz plumpsen hört.

Weil man so leichter vergisst, was einen an sich stört.

Weil es ein Streicheln ist, das dem Herz gefällt

und dich erinnert,

Hey, ich bin meine ganze Welt

und ich kann sie schöner machen…,

mit ein paar Worten, etwas Liebe und viel mehr Lachen.

Hey Lieblingsmensch, schon krass

wie selten ich dich wirklich sehe,

obwohl ich jeden Augenblick mit dir,

durch dieses einmalige Leben gehe.

Versuch doch mal

* weniger Perfekt und
statt dessen glücklich zu sein
* sanfter mit dir zu sein
* dein Leben für dich zu leben
* dein bester Grund zu sein
* deinen Lieblingsmenschen
im Spiegel zu erkennen
* es zu tun, ohne bereit zu sein
* weniger beschäftigt zu sein
* mehr Energie in deine
Herzdinge zu stecken
* alle Gefühle zu fühlen
und dann gehen zu lassen
* die schönen Dinge zu sehen
* deine kleinen Erfolge zu feiern
* die Versprechen an dich zu halten
* für dich zu sein was du brauchst
* an dich zu glauben
* Du selbst zu bleiben

Und eigentlich geht's nicht darum,

jemand zu werden sondern herauszufinden…wer wir sind

und wenn wir wachsen, dann zu uns hin.

Es geht darum, uns lieben zu lernen, jede Version von uns,

die wir im Leben schon waren und sanfter mit uns selbst zu sein,

weil wir unsre eigene Liebe verdammt nochmal verdient haben.

Es geht nicht darum, nach irgendeinem Sinn zu suchen,

sondern der schönste Sinn zu sein.

Darum, die Geschichte des Lebens für uns selbst zu schreiben.

Es geht darum, einander zu halten, aber nicht aufzuhalten

und dass wir uns verändern, aber trotzdem wir selbst bleiben und immer irgendwie die Alten.

Es geht um die Liebe, in jedem Moment, bei allem, was wir tun und wie wir entscheiden,

auch wenn die Welt es uns schwer macht, liebevoll zu bleiben.

Es geht darum, dieses krasse Geschenk, am Leben zu sein zu schätzen, nichts zu verletzten.

Es geht darum, mit offenen Herzen durch die Welt zu gehen, auch ohne sie zu verstehen,

wild und weich und an Gefühlen reich zu sein.

Achtsam und neugierig, jedem Abenteuer entgegenzusehen

und zwischendurch auch mal stehen zu bleiben.

Einfach zu atmen und zu sein und uns unsren Stolz auf uns selbst, auch mal zu zeigen.

Es geht darum, die anderen zu lassen, wie sie sind

und uns das gleiche Recht herauszunehmen.

Es geht ums Namaste im Herz und den Frieden im Kopf

und am Ende sagen zu können…Hey, das war ein tolles Leben!

Selbstfürsorge to GO

* Tanz mal wieder aus der Reihe
* Hör auf dein Bauchgefühl
* Verabrede dich täglich neu mit dem Leben
* Halt die Versprechen an dich selbst
* Sei achtsamer mit deiner Zeit
* Hör auf perfekt sein zu wollen
* Leb mal mehr von Tag zu Tag
* Mach es mal und schau was passiert
* Geh raus und gönn dir offline leben
* Mach es dir innen Hyggelig
* Fokussier die schönen DINGE
* Sag wieder Ja zu Abenteuern
* Streu Glimmers in deinen Tag
* Mach es einfach mal Anders
* Freu dich auf alles was kommt
* Verlieb dich wieder in dich selbst!
* Führ ein Glücksmomente Tagebuch
* Sei ehrlich mit dir und
großzügig mit Umarmungen
* Schenk dir Blumen
* Schreib dir einen Liebesbrief
* Tu dir mal wieder GUT !

Brief von deinem Ich

Was hält dich davon ab mich zu lieben?

Findest du mich einfach nur nicht schön, beim in den Spiegel sehn,

oder ist es mehr …?

Was macht es so schwer, mich anzunehmen, genauso wie ich bin?

Wie kann es sein, dass andere es schaffen und du kriegst das nicht hin?

Warum bist du so hart zu mir? Wir haben nur dies eine Leben hier

und es ist viel zu kostbar für 'nen Krieg in dir selbst.

Was, wenn du mich stattdessen einfach hältst

und wir versuchen es uns schön zu machen,

das Geschenk endlich genießen, wirklich leben, lieben

und gemeinsam lachen?

Ich weiß du weißt, wie dumm das ist, wie sehr du eigentlich vermisst,

was nur du mir geben kannst.

Schon beim daran denken, macht dein Herz 'nen Tanz.

Ich glaube es wird Zeit, du bist so weit.

Du darfst dich endlich neu verlieben, in mich, dein ICH.

Wir können uns genügen, uns was wir brauchen schenken,

liebevoller aneinander denken.

Ich habe Angst, dass du's dir sonst am Ende nicht verzeihst!!!

PS: Ich weiß, dass du das eigentlich doch alles weißt!

Nicht vergessen

Dein Leben * Deine Entscheidungen
Deine Zügel in der Hand * deine Geschichte
Deine wunderbaren Möglichkeiten
Dein MAGISCHES BUNT
Dein GLÜCK in SEKUNDEN
Deine ZAUBERBUNTE Zeit
Dein ALLES WAS ZÄHLT*
Dein MACH WAS DRAUS
Dein JETZT oder NIE * dein WIE
Dein Bauchgefühl * dein WAS ICH WILL
Deine LIEBE * deine ZEIT
Deine ZUFRIEDENHEIT
Dein LÄCHELN * dein TANZ
Dein Ich fühl mich endlich GANZ
Deine SELBSTFÜRSORGE
Dein NÄCHSTER Schritt
Dein wertvoll Augenblick * dein Mut
Dein ALLES was du BRAUCHST
Dein ICH TU MIR GUT !
Dein Herz * dein Schmerz * dein Weg
Dein (Lieblings) Leben was du lebst !

GLÜCK ist schon …

wenn du die Augen auf machst und so ein hübsches Herz in dir schlägt.

Wenn du dich selbst anlachst und jemand deine Träume klebt.

Wenn dein Körper macht, was er soll,

du findest den Moment mit dem Marienkäfer toll.

Wenn das Leben sich mal leicht anfühlt und nette Menschen in deine Tage spült.

Glück ist, wenn du sein kannst, wer du bist, dass alles irgendwie vergänglich ist.

Dass du NEIN sagen kannst und wenn in deiner Seele etwas tanzt,

weil du dir gutgetan hast.

Glück ist, wenn du Schleifen um Tage machst und Menschenherzen berührst.

Wenn du ein Lichtbringer bist und einfach diese Dankbarkeit spürst.

Glück passiert ganz oft,

ganz klein und leise ohne viel "Tam Tam".

Glück ist auch, jeder von uns ist mal dran.

Und da ist es egal, wo es dir begegnet und auf welche Weise,

ob es Liebe ist, Sand zwischen den Zehen oder

einfach diese unglaubliche Reise zu Dir.

Aber ich weiß, das Glück findet dich immer wieder…

GLAUBE MIR!

SAGST DU
auch manchmal
"HEY, DU BIST TOLL !!"
zu DIR ?!!!

MACH DAS MAL !
und dann hörst
du zu wie,
GLÜCKLICH
dein HERZ
KICHERT

Ich wünsch dir einen Ort in deiner Welt,
den du Zuhause nennst.
Wünsch dir, dass du dich am Ende
deines Lebens selber kennst.

Ich wünsch mir, du hast deine Träume
dann auch wahr gemacht
und als es an der Zeit war,
auch an dich gedacht

Ich wünsch mir ,
dass du Frieden in dir machst
und wieder merkst, wie leicht
es in dir wird, wenn du lachst.

Ich wünsch dir Arme, die dich halten
und Menschen, die gut für dich sind.

Ich wünsch dir nur glückliche Falten
und dass du es umarmst dein inneres Kind.

In allem , was du tust sollst du zu finden sein.
In allem was du bist, wünsch ich mir dich.
In allem was du anfängst
ist keiner deiner Schritte je zu klein

und brauchst du eine Hand,
dann hast du MICH !!

und würd' der
HIMMEL deine
FARBEN tragen,
würde jeder
WOW
wie SCHÖN ist
das denn bitte
sagen !!!

DAS LEBEN IST SO VIEL MEHR

Das Leben ist so viel mehr als die Suche nach jemandem,

der dich will oder die Enttäuschung, dass es jemand nicht will.

Es steckt wahre Magie in der Zeit, die du mit dir selbst verbringst,

dich selbst zu entdecken, dich kennen und lieben zu lernen,

ohne darauf zu hoffen, dass es jemand andres für dich tut.

DU musst dich mit Liebe füllen, niemand sonst.

Sei dein eigener Liebhaber, kümmere dich um dich.

Tu dir gut, schreib dir Liebesbriefe.

Mach dich hübsch, für ein Date mit dir,

mach dir Komplimente, denk schönere Dinge über dich.

Schenk dir dein Lächeln und all die Liebe, die du zu geben hast.

Sie ist gut aufgehoben, bei dir.

Und denk nicht, dass deine Liebe weniger wert wäre.

Nein...sie ist Alles, sie bedeutet alles für dein Herz.

Leb für dich, und mach es mit deinem ganzen Herzen

und all der Liebe, die in dir wartet.

Das wird wundervoll...versprochen!

Tu's für dich. Du bist das Schönste und Beste, was dir im Leben passiert und das hier

ist eine einzigartige, unglaubliche Reise zu dir. Warte nicht, dass dir irgendjemand gibt

was du dir wünscht. Das weißt du doch eh am allerbesten.

Ich sehe was, was du nicht siehst! ☺

Dieses unglaubliche Strahlen in dir,
mit dem du die Welt heller machst,
die Ansteckungswege des Glücks,
wenn du lachst.

Ich sehe, wie du Träume
wieder zum Leben erweckst,
wie du Mutbäume in Herzen pflanzt
und deine Energie so wundervoll
in andre Menschen steckst.

Ich Sehe deine unwiderstehliche weiche Seite,
die du vor der Welt versteckst.
Ich Sehe, wie du grundlos an dir zweifelst
und Gedankenräder schlägst.

Ich sehe wie du "an sich selber glauben"
wieder SEXY machst und ich sehe,
wie du's bei dir selber oft nicht schaffst.

Ich seh die Liebe in deinen Augen
und die Hoffnung in jedem Schritt.
Du streust
auf deinem Weg 'ne Menge Glitzer und
nimmst andere auf den Abenteuerwegen
zu sich selber mit.

Ich sehe das Schöne in allem was du tust
und ich seh, du tust so vielen Herzen
einfach gut

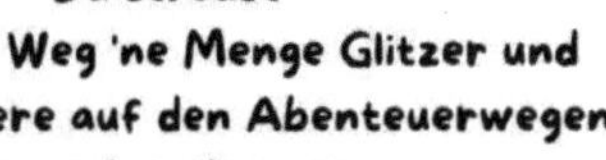

Dein Leben liebt dich. Lieb es einfach mal zurück.

Und dann geht ihr das nächste Stück

endlich Hand in Hand zusammen, wie Freunde

die sich brauchen, helfen, halten, haben…

wenn alle andren gehen. Die sich nette Dinge sagen,

ehrlich sind…

mit denen jede gute Geschichte beginnt.

Dein Leben liebt dich und du liebst es auch.

Ich weiß das, wegen all der kleinen Kämpfe, die du schon bestritten hast

und der Pläne, die du machst.

Ich weiß es, weil du in Gedanken schon vermisst,

was du nicht mehr hast, wenn du nicht mehr bist.

Ich weiß es, denn du sammelst Glück.

Du inhalierst das Schöne, lächelst oft und schaust auf das was war zurück.

Dein Leben liebt dich und du weißt mittlerweile auch, wie schön es ist,

ihm einfach mal zu zeigen, dass du es magst und dankbar bist.

Du wünschst dir heimlich, dass noch ganz viel von ihm übrig ist,

was noch zu leben bleibt…

ganz viel wundervolle Lebenszeit.

Dein Leben liebt dich!

Du kannst LIEBEN und
DIR trotzdem was übrig lassen.
Du kannst DU SEIN und trotzdem
den Mut dich zu VERÄNDERN fassen.

Du kannst LOSLASSEN
und trotzdem TRAURIG sein.
Du kannst Menschen MÖGEN
und trotzdem bist du gern ALLEIN.

Du kannst ANGST haben,
obwohl du MUTIG bist.
Du kannst dich ENTSCHEIDEN und
trotzdem ZWEIFELN, ob es RICHTIG ist.

Du kannst dich volle Pulle
mit jemandem FREUEN und trotzdem
auch ein bisschen EIFERSÜCHTIG sein,
da IN DIR DRIN.

Du darfst ÜBERZEUGT sein und
siehst ihn trotzdem grade nicht den SINN.

Du kannst sie LIEBEN, deine FREIHEIT und
dich trotzdem nach VERTRAUTHEIT sehnen.
Du kannst DICH LIEBEN und trotzdem
findest du etwas an dir
NICHT GANZ SO SCHÖN.

Du darfst STINKSAUER sein,
auch auf jemanden, den du LIEBST.
Du darfst dich mal WICHTIGER nehmen,
auch wenn du von Herzen GERNE GIBST.

Ist immer noch DEIN LEBEN!

Irgendwann solltest du anfangen so zu tun,

als würde das Leben hier DIR gehören,

als hättest du die Macht und alle Knöpfe in der Hand,

als wäre es DEIN Film, DEINE Geschichte, DEIN "LALALAND".

Und dann stellst du hoffentlich fest, dass das genauso ist,

dass DU hier der STAR und ziemlich lebendig bist....

und was für ein Geschenk das ist.

Irgendjemand wollte unbedingt, dich hier an diesem Fleck,

mit all den wundervollen Einzigartigkeiten, die du zu geben hast.

Irgendjemand wollte, dass DU ein Teil von all dem hier bist,

du die Welt bereicherst, sie schöner und bunter machst, wie nur du es kannst.

Deshalb vergiss deine Angst, dich endlich zu erfinden,

zu strahlen, deine Welt zu erschaffen, deine Seele zu ergründen.

Vergiss deine Angst endlich DU zu sein,

denn alle andren gibt es schon und DU bist kein Klon.

Die Welt braucht DICH und dein unperfektes, zauberhaftes, einmaliges ICH.

Und jetzt eroberst DU dir mal dein Leben zurück…Stück für Stück!

Heute ist ein guter Tag, dein Leben anzulächeln.

Ich MAG , wie du dich siehst,
wenn du dich kurz mal SELBST LIEBST,
wenn dir egal ist, was die andren denken.

Wenn deine Augen glänzen,
Sie dir mit eigenen Blicken...
"Ich lieb dich grad" Gedanken schenken.

Ich mag, wird dir bewusst,
dass du schon alles bist
und gar nichts werden musst.

Dass alle deine Träume möglich sind...
du es zum Spielen, Trösten, Lachen,
Blödsinn machen herausholen darfst ..
dein inneres Kind.

Ich mag , wenn bei diesem Gefühl,
das Lächeln in deinem Gesicht beginnt.

Ich mag, wenn alles was du tust,
so herzgesteuert ist,
du nicht nachdenkst, einfach machst
und so sehr du selbst und
einfach glücklich dabei bist.

Mag die Momente, wenn du die Zeit vergisst,
weil Leben leben gerade wichtiger ist.

Ich mag, wenn du dich nicht bemühst zu sein,
was du eigentlich nicht bist,
etwas zu tun, nur weil du denkst du musst,
zu leben ohne echte Lust daran.

Ich mag, wenn du spürst, das hab ich jetzt
FÜR MICH GETAN und es
TAT SO SO GUT !!!.

Erzähl mir nicht, DU bist nicht schön!

Hör auf nur die Fehler und Mängel an dir zu sehen,

nenn sie nicht hässlich und dich nicht unperfekt.

Es ist die Welt, die deine Einzigartigkeit nicht checkt.

Sie hat dir beigebracht, dich für dich selbst zu schämen,

an dir nach Fehlern zu suchen, dich zu vergleichen

und dein Aussehen wichtiger zu nehmen als das,

WAS DU BIST.

Erzähl mir nicht du bist nicht schön,

wo du doch Augen zum Strahlen bringst,

du Herzen Lächeln schenkst,

für Menschen ein Zuhause bist.

Schönheit ist, wenn man dich nicht vergisst,

weil du strahlst, weil du guttust, weil du glücklich machst,

weil du ein Herz aus Gold in dir hast.

Erzähl mir nicht, du bist nicht schön.

Du bist eine Seele, die liebt, sich kümmert und teilt,

die hält, die zuhört, die fühlt und heilt.

Du bist sogar WUNDERSCHÖN,

in Augen, die dich wirklich sehen.

Immer wenn du an dich glaubst,

wachsen deinem Herz neue Flügel.

DU VERGISST…

Wie schön, wie wundervoll Du bist, von Innen und Außen,

mit diesem Körper, der das alles rockt und im Kopf die Flausen.

Mit dem Herz am rechten Fleck und all dem Unperfekt,

das in dir steckt.

Und all das hat seinen Grund…!

Dein Lächeln, dein Blick, deine Art, dein Mund,

deine Träume, deine Gefühle, dein Wesen

und all dein Zauberbunt

ist was dich so besonders macht.

Alles ist genauso gewollt und genauso gedacht.

Du vergisst,

dass das hier eine großartige Chance ist,

ein wahrhaftiges, freies, wildes,

wundervolles, tolles Leben zu leben

und zu sein WER DU BIST!

Du bist... ☺

* dein Hauptgewinn
* das Herz, das für dich schlägt
* der Grund für deine Träume
* worauf du stolz sein darfst
* was das Universum wollte
* jemand, den man gerne um sich hat
* jeden Krümel LIEBE wert
* die Sonne in deinem Universum
* die Seele, auf die du achten musst
* der Körper der das Alles rockt
* Glück zum anfassen * dein Wunder
* das schönste Mosaik, das ich kenne
* Liebe zum umarmen
* ein Zellhaufen zum gern haben
* großartig, mutig , unvergleichlich,
wundervoll und liebenswert
* alles was du brauchst
* dein Lieblingsmensch
* einfach TOLL

@ONEMOMENT4YOU

LISTEN
TO
YOUR
HEART

LASS SIE DOCH ihren Kopf über dich schütteln,

während DU genau in diesem Moment dein bestes Leben lebst.

LASS SIE DOCH mit dem Finger auf dich zeigen,

während DU dich gerade selbst übertriffst und stolz auf dich bist.

LASS SIE dich merkwürdig finden, während DU dir näherkommst

und du es endlich schaffst dich zu lieben.

LASS SIE DOCH die Augen verdrehen,

während du lernst langsamer zu gehen,

um die Wunder auf dem Weg zu sehen.

LASS SIE DIR hinterherstarren, während du

aus der Reihe tanzt, weil dein Herz es gerade braucht.

LASS SIE DICH verurteilen,

weil du ihnen Grenzen setzt und dafür sorgst,

dass dich keiner mehr verletzt.

LASS SIE DICH doch belächeln,

während du dein Lieblingsleben kreierst

und immer glücklicher wirst.

LASS SIE von gestern und morgen erzählen,

während du diesen Augenblick unvergesslich machst.

Hey, manchmal denkst du dumme Dinge,

wie zum Beispiel, dass dich keiner sieht, dich keiner liebt, dich niemand braucht

und dass dein Leben keinen Sinn macht, denkst du manchmal auch.

Du denkst sowas Absurdes wie,

dass dein Strahlen womöglich jemanden da draußen stört,

deshalb wird's Zeit, dass deine Seele das hier hört!

Da draußen gibt es Menschen, die dein Licht zum Leben brauchen,

deshalb hör bitte auf es zu verstecken.

Weißt du, auch wenn du es selbst grade nicht siehst,

machst du einen riesigen Unterschied.

Deine Worte sind wie kleine Funken in Gedanken

und dein Strahlen, Glitzer im Gefühl.

Deine Liebe malt in Herzen Wände bunt

und dein Lächeln springt, ganz ohne, dass du's manchmal ahnst,

über, auf 'nen andren Mund.

Du bist der Grund, für ganz viel Schönes, das passiert

und ich wünsch mir, dass dein Herz das spürt und dein Kopf das auch kapiert.

Du bist ein Geschenk für diese Welt und du wirst gebraucht.

Jetzt geh da raus und zweifle nicht!

Teile deine Liebe und dein Licht

und wenn die Welt es reflektiert…spürst du es auch!!!

Wie willst du dich denn finden, wenn du nie stehen bleibst?

Wie das Flüstern in dir hören, wenn du nie schweigst?

AFFIRMATIONEN

* Ich bin die Sonne meines Lebens *Ich strahle von innen heraus

* Ich entscheide mich bewusst dafür heute glücklich zu sein

* Ich habe alles in mir, was ich dafür brauche

* Ich bin liebenswert, einzigartig und wertvoll

* Ich erkenne die schönen Momente, meines Alltags

* Ich bin achtsam mit mir und treffe Entscheidungen, die mir gut tun

* Ich erschaffe mir ein erfülltes Leben

* Jeder Tag birgt wundervolle Möglichkeiten zu wachsen

* Ich muss nicht immer funktionieren

* Ich lasse alles los, was mir nicht gut tut

* Ich tue jeden Tag Dinge, die mir Freude bereiten

* Ich genieße es, liebevoll für meinen kostbaren Körper zu sorgen

* Ich gehöre niemandem, außer mir * Ich muss nicht, ich darf

* Ich kann für mich selbst entscheiden

* Vielleicht schaffe ich das heute noch nicht, aber irgendwann zu meiner Zeit

* Ich weiß was für mich selbst am besten ist

* Ich bin genau richtig, so wie ich bin * Ich bin genug

* Ich vertraue in mich und meine Möglichkeiten

* Ich werde eine Lösung finden * Ich stecke voller Energie

* Ich kann alles schaffen * mein Leben darf leicht sein

* Ich habe alles in mir, was ich zum Heilen brauche

* Ich bin Liebe

MACH
LANGSAM

MEDITATION

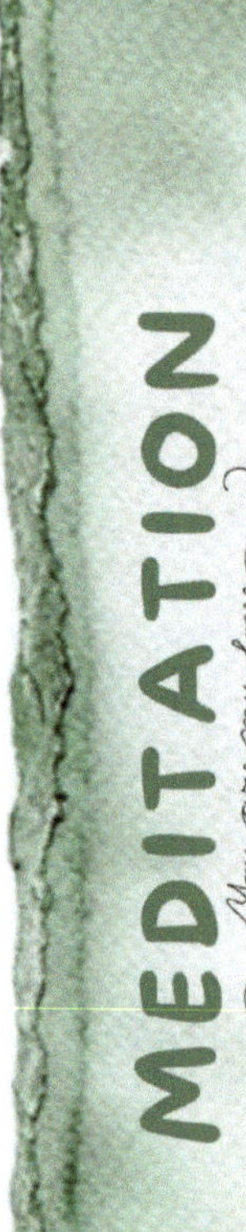

Mach langsam.
Bleib einfach mal stehen.

Es ist Zeit zu fühlen, durchzuatmen,
in dir nach dem Rechten zu sehen.

Nimm das Tempo raus.
Hör deinem Herzen zu.

Nimm dir ZEIT, nur DU und DU.

Lausch deinem ATEM, wie er fließt
und dich am Leben hält.

Hörst du dein Herz,
wie es leise für dich schlägt?
Vergiss sie mal die Welt.

Bleib mal bei dir,
es gibt grad nichts zu tun.

Nur jetzt und hier und
das Gefühl dir GUT zu TUN.

Lass die Gedanken kommen
und dann weiter ziehen.

Jedes Gefühl darf einfach sein und
ist es nicht so schön, lässt du es
nach dem FÜHLEN endlich gehen !

Alles in dir spürt jetzt
kurz mal FRIEDEN.

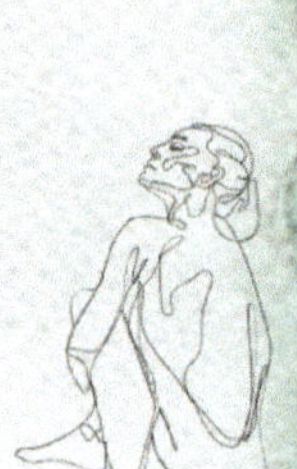

Und du lächelst, weil's sich
leichter anfühlt es zu LIEBEN,
dieses kleine LEBEN...und DICH!

Wenn du mal 'ne Pause brauchst...
Ich warte hier, der Ort in DIR,
besuche MICH !

Einfach mal NICHTS zu tun haben

und der Welt…"Ich brauch mich grade selbst" sagen.

Deine Energie in…"Ich tu mir GUT Dinge" stecken.

Die ersten Sonnenstrahlen auf der Seele schmecken.

Dich an den Duft von Leichtigkeit erinnern.

Grad mal ganz doll für dich selber schimmern.

Die Tür vom Herz sperrangelweit auf.

Deinen Tränen sagen …Lauf!

Die Gefühle in den Frühling schicken.

Deinen Kopf schon für den Sommer schmücken

und dich selbst mal voller Liebe drücken.

Lass dich einfach unperfekt.

Träume groß... Geh über LOS!

Lass dein Herz mal wieder einfach machen.

Find es, dein Kinderlachen.

Leb, als wenn es keiner sieht,

so, als ob es gar nichts schöneres gibt.

Und LIEB aus tiefster Seele, so leidenschaftlich wie du kannst…dein Leben,

alles, was sich lieben lässt …und DICH, genauso wie du bist!

Es gibt nichts Schöneres, vergiss das NICHT.

Mach mal laaaaaaaaa aaaaaaaaa aaaaaaaaa Lalalala langsam heute

Manchmal musst du leise sein

Vielleicht muss man manchmal leise sein,

das Herz vor sich hin Flüstern lassen, ohne es zu unterbrechen.

Vielleicht fängt es plötzlich an…

über Sehnsüchte und Träume zu sprechen,

an die du dich nicht mehr erinnern kannst.

Vielleicht kommt ihr euch ganz nah, seid ehrlich miteinander,

nehmt euch wieder wahr, berührt euch da,

wo in euch die Sehnsucht ist.

Vielleicht liegt dort in dem Flüstern dein Geheimnis

und du findest heraus, wer du wirklich bist,

was du sein willst und was nicht.

Vielleicht findest du es wieder, dieses Licht,

was mal für dich brannte, Feuer in dir war.

Vielleicht tut es einfach gut, kommt ihr zwei euch wieder nah.

So ein "Deeptalk" mit dem Herz, heilt so manche Wunden

und so manches Herz und sein Besitzer,

haben sich auf diese Weise

NEU GEFUNDEN.

Lieben braucht zulassen.
Frieden braucht verzeihen.
Gemeinsam braucht sich
an Händen fassen.

Dein Ich braucht es zu sein.

Glück braucht es dir erlauben.
Mut braucht an dich glauben.
Wunder brauchen offene Herzen
und für dein Strahlen braucht es
keine Wunderkerzen.

Licht braucht Schatten
zum gesehen sein.
Der Himmel braucht Sterne
für echte Magie.

Deine Antwort braucht
dich ganz alleine.
Und Sinn braucht Absicht,
sonst findest du ihn NIE.

Ich wünsche mir gar nicht, dass alles leicht ist.

Ich wünsche mir, dass mein Herz es leichter nimmt.

Ich wünsche mir nicht, dass das Glück auf mich wartet,

sondern dass ich sehe, wenn es zwischen dem Aschgrau zu glitzern beginnt.

Ich wünsche mir nicht, dass mir die Liebe in den Schoß fällt.

Ich wünsche mir, dass wenn sie mir begegnet,

meine Seele ihre Arme offen hält und alles dafür tut, dass sie bleibt.

Ich wünsche mir, dass das Leben mir immer wieder neue Blickwinkel zeigt.

Ich wünsche mir nicht, dass ich alles kann.

Ich wünsche mir den Mut zu sagen, ich fange an.

Ich wünsche mir nicht, dass jeder mich mag.

Ich wünsche mir, dass ich ein Gespür, für die ehrlichen Seelen hab.

Ich wünsche mir nicht, dass die Welt für mich stillsteht.

Ich wünsche mir, dass mein Herz in meinem eigenen Takt schlägt,

Ich wünsche mir keinen Reichtum, sondern dass es mir reicht

und mein Gefühl in mir zufrieden bleibt.

Ich wünsche mir keine großen Sprünge,

sondern dass mir jeder kleine Schritt nach vorne gelinge.

Ich wünsche mir nicht nur Sonnentage.

Ich wünsch mir, dass ich nie vergesse, welches Glück ich habe.

Poesie die deinem
Herzen noch fehlte

PARIS

LEBEN

LIFE
ISN'T ABOUT WAITING
FOR THE STORM TO PASS...
IT'S LEARNING TO
Dance
in the rain

you can.

@onemoment4you

WILLST DU DAS LEBEN VERSTEHEN?

DANN MUSST DU AN DREI ORTE GEHEN …

1. IN EIN KRANKENHAUS,

um zu sehen, wie wertvoll Gesundheit ist.

2. IN EIN GEFÄNGNIS,

um zu spüren, wie frei du bist.

3. Auf einen Friedhof,

damit du weißt, was man verlieren kann

und dir bewusst wird,

das hier endet irgendwann…

Aber jetzt ist deine Zeit zu LEBEN…!

Deshalb, fang endlich damit an!!!

Eigentlich ist es EGAL

Eigentlich ist es EGAL, ob du kaputte Jogginghosen trägst,

auf welche buntverrückte Weise, du dein Leben lebst!

Es ist EGAL, ob du ES schaffst,

wie du es anstellst und ob du dabei lachst.

Es ist EGAL, was du in anderen Köpfen dabei machst.

Es ist NICHT WICHTIG, was du hier erreichst

und wem du deine besten Seiten zeigst und wer von dir 'ne Menge hält

und wo du alles was du liebst so tust, auf dieser Welt.

In 100 Jahren kräht kein Hahn danach ob, was du tust

auf diesem Erdball irgendwo Rekorde brach.

Es ist EGAL ob, was du denkst, so richtig ist,

weil du zu diesem Zeitpunkt schon Geschichte bist und alles,

was dir jetzt so wichtig scheint, dich mit dem Sternenstaub vereint.

Ich glaube, wenn du das mal siehst, dann kannst du endlich machen,

was du liebst…genauso wie es dir gefällt,

denn dafür bist du doch auf dieser Welt!

MEHR.....

EGAL / bunte Gefühle/ Leichtigkeit/ strahlende Augen/ Glitzer auf dem Boden der Tatsachen/ spontane Verrücktheiten/ nette Komplimente / Sommer in Gedanken/ Seelensüdseemomente / Herzkichern / Loslassen / Mutsprünge / Wunderkerzen / Genießen / Sekundenglück / JETZT und HIER / offline sein / Draußenglück / miteinander / fühlen/ Pausen machen / Abenteuer / einfach machen / Trotzdem Mut / Hände reichen / Selbstliebe / Achtsamzeit / Blubbelblasen in der Badewanne / Liebe Postits / nette Worte / Wohlfühlorte / Raum für Großartiges und Wundervolligkeiten

@onemoment4you

152

JA, ich glaube das Leben hat 'nen PLAN,

auch wenn wir ihn nicht sehen und erst recht nicht verstehen,

aber das müssen wir auch nicht.

Das Leben braucht uns für die kleinen Entscheidungen,

in jedem Moment,

es will unsre echten Gefühle und wissen, was es in uns denkt.

Es will, dass wir uns lieben lernen auf dem Weg.

Es will uns wachsen sehen und über unsre Grenzen gehen.

Es will wissen, wie uns dieses stolze Lächeln, nach jedem "Mutsprung" steht.

Das Leben liebt uns und sieht uns lächelnd zu.

Es fängt uns auf, hält unsre Hand, wischt unsre Tränen

und manchmal hört man es flüstern:

„HEY DU, du machst das richtig gut!"

und für den nächsten Schritt, das weiß ich ganz genau,

hast du den Mut.

Das Leben hat 'nen Plan,

aber es wird ihn dir nicht verraten.

Es will, dass du es lebst und liebst und feierst

und vor allem, dass du endlich aufhörst

zu WARTEN!!!

Wenn du so ein LEBEN lebst ,

so ein kleinteiliges ‚großartiges ,
berauschendes, herausforderndes,
gefühlsspektakelbuntes, traurigschönes LEBEN...

JA, dann darfst du
darin FEHLER machen und ÄNGSTE haben.
Du darfst zweifeln, stolpern, wieder aufstehen,
deine Meinung sagen .

Du darfst in diesem Labyrinth
mal falsche Wege laufen.
Du darfst weich sein , überfordert,
und es dürfen Tränen laufen.

Aber du darfst eines NICHT VERGESSEN..

dass das Leben , deine Chance ist dich hier zu erfinden,
dieses Welt hier zu ergründen, etwas zu erschaffen,
dich und andre glücklich zu machen.

Du kannst Lieben , Schaukeln, tanzen.
Du kannst leben wie du willst und
Bäume für die Zukunft pflanzen.

Du kannst diesen Spielplatz Welt
hier besser hinterlassen.

Du könntest aber, wenn du das nicht siehst ,
das BESTE HIER VERPASSEN und

DAS WILLST DU NICHT !!!!

HEY LEBEN

Du hast es echt nicht immer leicht mit mir,

du musstest schon 'ne Menge anstellen, damit ich mal kapier,

worum es wirklich geht, was wir hier tun, warum man lebt.

Es hat nichts zu tun, mit dem was man uns beigebracht hat.

Ich habe viel zu lange geglaubt, nicht an die Möglichkeit gedacht,

dass ich alles in Frage stellen kann, dass du leicht sein darfst

und jeden Tag fängst du doch irgendwie neu an.

Jede Chance, die ich ergreif und jeder Gedanke, der in mir reift

und jede Art und Weise, wie ich dich begreif…BIN ICH

und ich ändere mich …MIT DIR!

Du bist meine Kennenlernreise, wartest selbst gespannt wie es weiter geht.

Du hältst heimlich meine Hand und zeigst mir immer wieder ohne Worte,

wie man dich SCHÖNER lebt.

Ich muss nur mein Herz aufmachen, dich genießen, mit dir lachen,

mutig sein und an mich glauben, mir das glücklich sein erlauben.

Du willst, dass ich mich verliebe,

in DICH, in MICH und ALL das HIER

und dann verrätst du einem auch,

worum es wirklich geht … IN DIR!

Und irgendwie sind wir doch

alle Kinder, auf der

Abenteuerreise zu uns selbst,

mit einem Kopf voller Träume,

aber zufrieden mit dem

kleinen Glück.

*

Das größte Risiko im Leben ist doch...

sein eigenes zu verpassen.

*

Und manchmal, da begegnen wir

dem LICHTWESEN, das in uns steckt

und unser Herz ...weiß ALLES.

Manchmal macht es das Leben

uns leichter zu lächeln,

durch "mikrokleine Dinge".

Dann reicht ein Ort, ein Wort,

ein Song, eine Nachricht von …

einem Lieblingsmenschen.

Und manchmal können wir's gar nicht wirklich erklären,

weil's ist wie ein Knopf, den jemand im Gefühl drückt.

Irgendwas in deinem HERZ

ist plötzlich liebevoll und BUNT GESCHMÜCKT,

als gäbe es was zu feiern in dir drin.

Es ist wie GLÜCK im KOPF

und braucht auch keinen Sinn.

Es ist wie SOMMER

in deinem ganzen SYSTEM

und einfach nur SCHÖN.

Aber die wundervollsten
Dinge im Leben ,
sind nicht einfach Dinge...

es sind die MENSCHEN
und ORTE.

Es sind ERINNERUNGEN
und MOMENTE.
Es sind GEFÜHLE
und VERBINDUNGEN.
Es sind die TRÄNEN
und das LACHEN,
das LIEBEN ,
die UMARMUNGEN
und Sonnenuntergänge.

hugs & kisses

Es ist das , was unsere
SEELE BERÜHRT
und ein TEIL von UNS WIRD.

Die schönsten Dinge im Leben,

sind die, die du tust,

weil du es unbedingt willst.

Weil dein Herz dafür schlägt,

deine Seele dafür brennt.

Weil's dir nicht mehr aus dem Kopf geht

und dir mehr Energie, als alles andere schenkt.

Weil's deinen Herzraum erhellt

und deine Gefühlshaare aufstellt.

Weil alles in dir…

JA ICH WILL DAS schreit

und du weißt, das ist etwas,

dass FÜR IMMER bleibt…in DIR

und dein Leben flüstert

YES…so gefalle ich mir!!!

Ja, manchmal
passiert dir dieses LEBEN,
aber manchmal, da passierst Du ihm

und dann staunt es dich plötzlich an
ganz begeistert davon ,
was aus ihm werden kann.

Dann nimmt dein Herz
es einfach an die Hand
dieses kleine, großartige Leben

und ihr rennt los,
rennt Richtung UNBEKANNT,
um dem Augenblick
seinen schönsten SINN zu geben.

Und ihr beide denkt nicht mehr,
fühlt euch VOGELFREI ,
wissend das wird WUNDERVOLL

und ihr seid MITTENDRIN
ihr seid MITTENDRIN dabei ...!!!!

Manchmal meint das Universum es gut mit dir

und schenkt dir so einen ERINNER MICH MOMENT,

der sich anfühlt, als würde jemand

das Licht in dir anknipsen und flüstern:

„HEY, WACH MAL AUF…jetzt kommt was Schönes,

das nennt sich Leben und es passiert dir gerade.

DU BIST MITTENDRIN!

Du fühlst es, deine Augen machen Bilder.

Dein Herz schlägt NUR für DICH. DU BIST LEBENDIG

und der Moment da gerade EINMALIG,

einer der NIE WIEDER KOMMT!!!

Er ist wie GLÜCK zum ANFASSEN,

dass beim nächsten Blinzeln wieder verstreicht…

eine Sternschnuppe Lebenszeit.

Lass sie nicht einfach verglühen.

Fang sie auf, LEB SIE, damit sie ein Herzmoment

in deiner Erinnerung bleibt!!“

(wir machen uns so viele Gedanken um ein Irgendwann mal,

dass wir vergessen, dass wir unser jetzt …irgendwann mal träumten)

ACH Leben , ich mag deine:
"Hier kommt ein Geschenk,
pack mal aus,
ist was schönes drin Tage"

Wenn der Himmel
sein Blau höher hängt
und der Kopf mal weniger denkt,

weil das Herz grad
lauter fühlt und das
Meer aus lächelnden Momenten
Glückssand in die Seele spült.

Wenn Menschen netter als erwartet sind
und es sich einfach losreisst
und sein Glück ganz frech
herausnimmt , das Kind...in mir .

Hey Leben , ich mag dich so ,
in wild, in leicht, gedankenfrei..

Ich mag das ALLES HIER ...IN DIR !

Ich glaube das BESTE, was wir tun können

ist in unsrer Welt für Frieden sorgen.

Sie schön machen, liebevoll miteinander umgehen,

ein bisschen nach links und rechts sehen

und Hände reichen.

Wir können Sorgenfalten bügeln und Herzwände bunter streichen.

Füreinander Sonnen sein, uns gegenseitig guttun,

liebe Worte schenken, achtsam an uns selbst denken,

zwischen Sofaritzen gerutschte Träume ausgraben

und Spaß miteinander haben.

Uns öfter in den Armen liegen, Gedanken teilen,

nah sein und gemeinsam heilen.

Wir können Zeit in Glückssekunden messen,

mit Liebe kleckern, ab und an die Welt vergessen.

Wir könnten unsre kleinen Welten zu Wohlfühlorten machen,

zum nach Hause kommen, sicher und geborgen fühlen können,

wo wir uns gegenseitig ganz viel Schönes gönnen.

Ich glaube, wenn das jeder tut,

dann geht es auch der großen Welt, bald wieder gut!

GUTEN MORGEN LEBEN ...

wünscht du dir heut' ...WIE IMMER
oder einfach mal SPONTAN?

Wie wär's mit viel mehr GLIMMER
und im Gefühl, da fahr'n wir Achterbahn?

Dem Alltag strecken wir die Zunge raus
und von den andren
braucht es keinen Applaus.

Wir hör'n auf unser HERZ,
wenn's Fragen gibt,
beweisen ihm, wie schön es ist,
wenn es sich selber liebt.

Und statt zu denken,
fühlen wir lieber drüber nach .
Statt immer nur zu träumen,
packen wir echte Wunder in den Tag.

Statt zu wissen,
glauben wir lieber daran,
dass alles was kommt,
WUNDERVOLL werden kann.

HEY LEBEN…

Alle sagen du bestehst aus HOCHs und TIEFs,

aber ich finde das meiste von dir besteht doch aus "Dazwischen",

dem kleinen leisen "Immer da", den Dingen ohne die's nicht geht.

Dem manchmal einfach Müssen und den Alltäglichkeiten,

um die sich alles dreht.

Wenn wir dich etwas schöner und in glücklich haben wollen,

dann braucht all das "Dazwischen" unsre Achtsamkeit,

unsre Liebe fürs Detail und dass wir sie betrachten wie Wertvollzeit.

Es braucht, dass wir die Dinge mit dem Herzen machen,

bewusst und liebevoll und viel mehr lachen.

Dass wir Schleifen um Momente binden,

zwischendurch mal verrückt sind und dafür sorgen,

dass die leisen Dinge, irgendwie noch bunt geschmückt sind.

Vielleicht geht's darum, dass man nicht vergisst,

dass Leben vor allem die Zeit, zwischen deinen Hochs und Tiefs ist

und wir uns die so schön machen wie's geht,

weil ich glaube, dass man so sein bestes Leben lebt

Ich glaube es geht um die kleinen Dinge und
die Worte zwischen den Zeilen.
Es geht ums Angst überwinden
und um Gefühle, die wir schweigen.

Es geht um das, was in der Stille passiert
und wie wir zu uns selber finden.

Dass man ab und zu den Kopf verliert
und lieber aufs Herz hört aus
tausenden von Gründen.

Es geht um die Fragen,
die wir uns nicht stellen trauen,
um die Räume im Herzen ,
in die wir viel zu selten schauen.

Es geht um Menschen, die uns am Herzen liegen
und darum uns nicht selber zu belügen.
Es geht ums immer wieder aufstehen und verzeihen,
ums Leben leben und an Mikrowundern freuen.

Es geht um Frieden im Gefühl und
herauszufinden, was die Seele wirklich will.
Es geht um den Weg ,auch ohne Ziel.

Es geht ums an sich glauben und
daran dass man wertvoll ist.
Dass man in diesem Universum
so gewollt und wichtig ist.

Dass, egal wie klein man sich fühlt,
es eine Rolle spielt, dass es dich gibt
und darum...dass man liebt ...!

Ich glaube es geht darum

* uns weniger anstrengen zu müssen

* in uns selbst zu wachsen

* weniger zu werden und mehr zu sein

* uns selbst zu begegnen, so oft es geht

* es geht darum loszulassen, was sich falsch anfühlt

* uns selbst kennen und lieben zu lernen

* unsere eigene Wahrheit zu finden

* mit uns selbst Frieden zu schließen

* groß zu träumen und nicht aufzuhören,

daran zu glauben

* uns in diesem Moment liebevoll einzurichten,

denn er ist unser Leben

* es geht darum uns treiben zu lassen

* offen, neugierig und staunend zu bleiben…und frei

* öfter stehen zu bleiben und hinzuspüren

* wahrhaftig zu sein

* es geht ums lieben und Liebe zulassen lernen

* und es geht darum zu verzeihen

* vor allem auch uns selbst

*

Fragen für ein glücklicheres Leben

Wofür brenne ich ? 
Lebe ich so, wie ich leben wollte?
Was ist der Grund warum ich aufstehe?
Lieb ich wirklich was ich tue?
Höre ich auf meine Herzstimme?
Bin ich mir selbst ein guter Freund?
Wie sehr, wie tief liebe ich?
Umgebe ich mich mit Menschen,
die ich um mich haben will?
Wo/mit wem kann ich ich selbst sein?
Habe ich Frieden mit meinem Gestern?
Was lässt mich dankbar sein?
Wofür hätte ich gerne mehr Zeit?
Wo sehe ich mich in 10 Jahren?
Welche Lüge erzähle ich mir selbst?
Wofür ist es nie zu spät?
Wofür fehlte mir noch der Mut?
Was will ich unbedingt noch?
Meine Definition von "glücklich sein"?
3 Worte für mein jüngeres ICH !

Hey LEBEN,

Ich bin grad einfach dankbar
für DICH und MICH ...

wie ALLES kam , auch wenn sie
manchen Looping nahm ,die Achterbahn.

Aber jetzt sitze ich gerade hier und lächle mit dir.
Ich schau den Wolken hinterher und
weiß ein bisschen mehr ...WARUM.

Ich find dich grade ziemlich schön
und kann verstehen,
dass du uns manchmal stolpern lässt,
um unsre Bedürfnisse zu sehen .

Ich weiß jetzt, dass du immer
offene Arme für mich hast
und die Schlenker nur machst,
damit die Richtung wieder stimmt,

damit so ein Moment, wie jetzt mich dann
wieder in die Arme nimmt und flüstert...

"Hey , du hast das GUT GEMACHT!
Entspann dich mal.
Setz dich zu mir, genieß das hier ...",

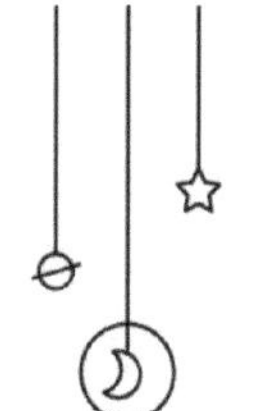
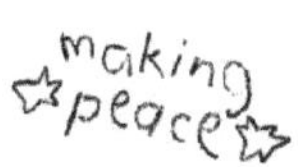

DENN EIGENTLICH IST ALLES
AUSSER JETZT
DOCH GRAD EGAL !

Poesie die deinem
Herzen noch fehlte
glücklich
ALTERn
LIFE
ISN'T ABOUT WAITING
FOR THE STORM TO PASS...
IT'S LEARNING TO
Dance
in the rain
@onemoment4you

Eines Tages

wirst du dir wünschen, wieder hier zu sein!

Du wirst dir wünschen, genau diese Chance nochmal zu haben.

So jung, wie in diesem Moment, von ganzem Herzen

JA zum Leben zu sagen.

Du wirst dich danach sehnen, nach diesen unperfekten,

chaosbunten, traurigschönen Alltagsdingen.

Dein Herz wird von Erinnerungen singen

und keiner kann sie wiederbringen.

Eines Tages weißt du, dass du was du jetzt grade nicht siehst,

eigentlich doch volle Pulle liebst, weil du es vermisst…

nicht mehr so jung, so frei, so mutig, stark, verrückt und so lebendig,

wie in diesem Augenblick hier bist.

Deshalb, sieh nochmal genauer hin,

vielleicht erkennst du heute schon den Wert, siehst, …es nicht so verkehrt!

Vielleicht findest du den Sinn, spürst da liegt 'ne Menge Schönheit drin,

in allem „WAS GRAD IST",

damit du nicht erst eines Tages irgendwann checkst,

was für ein GLÜCKSPILZ du eigentlich doch bist.

Gib dir keine Mühe,
mit WÜRDE
zu ALTERN ,
mach's lieber mit
FLAUSEN im Kopf ,
einem glücksverrückten ,
tollkühnen HERZ
und jeder Menge
GROOVY
"Weißt du noch "
Geschichten,
die du erzählen kannst ...

und irgendwann kommen wir da an,

wo uns egal ist, was die Welt über uns denkt.

Wo wir auskosten, was das Universum uns schenkt.

Wo uns Schnuppe ist, wo's hinführt,

denn wir brauchen kein Ziel.

Wir tun was schön ist und davon viel.

Wo Zeit den Wert von allem übersteigt

und man Gefühle nicht mehr schweigt.

Wo Lächeln unser schönstes Makeup ist

und es nichts ausmacht,

wenn man manchmal was vergisst.

Wo endlich wichtig ist, dass man sein Leben lebt

und es okay ist, wenn man sich langsamer bewegt.

Wo man endlich kapiert,

dass GUT GENUG nicht besser wird

und du selbst das Beste bist, was dir passiert.

Dann fängt der Spaß erst an und man wächst in dem Gefühl,

dass die Welt dich auch mal gerne haben kann.

Das GESCHENK
"JUNG zu SEIN"
hatten wir schon...
jetzt ist
das GESCHENK
"ALT werden zu
DÜRFEN !"
dran

Ich trag Trendfarbenhaar

und meine Fältchen sind nicht länger nur befürchtet, sondern wahr.

Ich weiß jetzt, warum man vom knackigen Alter spricht,

und alles ist okay, nur die Schmerzen mag ich nicht.

Der Rest ist eigentlich nicht schlimm.

Ich mag, dass ich jetzt schon ein bisschen weise bin

und dass ich reden kann, wie mir der Schnabel steht

und dass ich besser weiß, wie überleben geht.

Ich bin dankbar, dass ich immer wieder aufgestanden bin,

denn in diesem Leben steckt 'ne Menge Schönes drin.

Ich bin da, wo mir keiner mehr etwas vorschreiben kann

und das fühlt sich wirklich… mega gut an!!

Es ist mir egal, was die andren von mir denken.

Ich weiß mein Lebensschiff schon ziemlich gut auf meine Art zu lenken.

Ich habe ganz neue Wichtigkeiten und wenn ich ehrlich bin,

dann interessieren mich keine vorgebellten Richtigkeiten.

Das haben sie eigentlich nie, aber jetzt sag ich es laut,

weil mein Herz genug Mut hat, dass es sich traut.

Und irgendwie stimmt's doch, das Beste kommt zum Schluss…

mit dem richtigen Blickwinkel und jeder Menge Lebenslust.

NIE ZU ALT...

* für groben UNFUG
* dich SCHÖN zu fühlen
* ein Anfänger zu sein
* für EXTASE
* das Kind in dir zu feiern
* für HAPPY END's
* um dich jung zu fühlen
* dich zu verlieben
* für RESPEKT
* dich neu zu erfinden
* im Regen zu TANZEN
* REGELN zu brechen
* Aufmerksamkeit zu verdienen
* für große TRÄUME
* für BLÖDSINN aller Art
* zu STRAHLEN
* dich spektakulär zu fühlen
* um neu zu denken
* für's LEBEN leben
* zu tun ,was du wirklich willst

Du bist NIE zu ALT

Es ist NICHT zu SPÄT.

Der Moment ist NIE PERFEKT

und du bist NIE BEREIT.

Und trotzdem kannst du JEDERZEIT

die Flugbahn deiner Träume verändern.

Du bist nur einen "Mutsprung" von deinem NEU entfernt.

Du malst einfach mal über die Lebensplanränder.

Du bleibst neugierig, weil deine Seele liebt,

wenn sie ihr Leben lang lernt.

Erinnre dich mal wie es träumte, hoffte, glaubte,

dein jüngeres ICH

und es JETZT zu tun, ist nicht zu spät für DICH.

Du kannst dich jederzeit NEU entscheiden…

was soll gehen, was darf bleiben?

Die Macht liegt in deinen Händen,

in deinem Herz der MUT.

Fang einfach an…TU dir GUT!

Wir warten auf den Sommer.
Warten auf den nächsten Tag.

Warten darauf, dass es besser wird,
jemand etwas NETTES sagt.

Wir warten auf die Wochenenden,
warten darauf, dass uns jemand liebt.

Warten daß sich etwas verändert.
Warten daß uns jemand eine Chance gibt.

Wir warten auf den nächsten Urlaub.
Warten auf den Glücksmoment.

Warten manchmal einfach nur ,
weil man hier ja was verpassen könnt.

Wir warten darauf, daß die Knete reicht,
uns der Mut nicht wieder von der Seite weicht.

Wir warten darauf, daß sich der Himmel aufklart
und das sich das Universum dieses Schicksal spart.

Wir tun, als hätten wir 'nen Gutschein für mehr Lebenszeit
als lebten wir 'ne Ewigkeit.

Wir sind so gut darin zu warten,
daß wir das BESTE viel zu oft verpassen.

Wir sollten einfach LEBEN
und die andren leben lassen.

ZEIT

Und manchmal, da verschwindet die Zeit und wir lassen sie,

sehen tatenlos zu, wir sie ungeschmückt vergeht.

Zeit, die sich nicht anfühlt, als wenn man wirklich lebt.

Könnte die Zeit sprechen, würde sie sagen…

„HEY, sei nicht so dumm.

Du kannst mich vielleicht nicht festhalten,

aber kümmere dich darum,

dass ich ein zufriedenes Seufzen in deinem Gefühl hinterlasse,

im schönsten Fall in dein Glas mit Glücksmomenten passe.

Und lässt du mich gehen, du sagen kannst:

HEY, DAS WAR SCHÖN!“

Sie würde sagen…"Ich weiß, ich kann nicht immer

lächelnd, überwältigend und spektakulär für dich sein,

aber mach mich bitte wertvoll, intensiv und unvergesslich,

egal wie klein und unwichtig ich schein.

Das bin ich nicht!

Ich bin ALLES für DICH"!

Ich weiß nicht WARUM
wir erst so spät kapieren,
dass wir nur dieses eine Leben haben und
wir könnten es verlieren.

Dass wir so lange warten,
endlich richtig damit anzufangen,
das Schönste, Beste,
das TOLLSTE vom Leben zu verlangen.

Dass wir endlich da raus gehen,
unser Herz in die Hand nehmen
und es hautnah spüren lassen.

Jedes Gefühl, jeden Moment,
jeden Krümel Glücksseligkeit,
den uns das Universum schenkt.

Wieder staunen , wild ,
verrückt und neugierig sind
herzoffen und voller Liebe, wie ein Kind .

Warum brauchen wir fast ein Leben lang ,
endlich die Stimme des Herzens zu hören ,
dass mit jedem Schlag sagt ...

FANG endlich an ,
FANG endlich an ...zu leben !!

DEMENZ / ALZHEIMER

Du findest deine Worte nicht, verlierst ganz langsam den Verstand.

Manchmal weißt du nicht mehr wer du bist und gehen kannst du besser an der Hand.

Immer wenn ich bei dir bin, weint was in mir heimlich Tränen.

Trotzdem lächle ich dich an und wir erinnern uns gemeinsam an die schönen

Momente, die wir hatten.

Denn was so weit zurück liegt ist noch klar, manchmal so, als wenn es gestern war.

Dann denkst du kurz, du wärst noch Kind und wir tun, als wenn es stimmt.

Du weinst Kindertränen, die noch übrig sind,

von damals, als Gefühle noch was Schlechtes waren, was zum immer in sich tragen.

Ich habe Angst vor diesem Tag, an dem du mich nicht mehr erkennst.

Ich würd' dich gerne in die Arme nehmen, machen, dass du nur noch Schönes denkst.

Ich würde gern stoppen, was da grad passiert

und möglich machen, dass es wie früher wird.

Aber ich kann nur zusehen und für dich da sein, dir den Glauben schenken,

dass alles Okas ist, dass wir dich lieben und für immer

nur das Allerbeste von dir denken.

Dem Universum möchte ich sagen, stopp die Zeit…!

Ich bin noch nicht so weit, ich habe dir noch so viel zu sagen,

wünsch mir, dass du es verstehst, bevor du irgendwann

in deine Gedankenwelten gehst.

Ich male dir einen neuen **HIMMEL**, wenn deiner über dir zusammenbricht und sorge für **SONNEN LICHT**

Wenn ich könnte,
würd ich für dich
die Wolken verschieben,
wär immer da, wär immer nah.
Würde dir beibringen das Leben
noch viel mehr zu lieben.
Wenn ich könnte, würd ich
den Himmel für dich schmücken,
würd deine Welt gerade rücken,
sie regenbogenbunt bemalen,
für ein Lächeln von dir...
Ich wünsche es mir!
Wenn ich könnte pflanzte ich
eine Blumenwiese
in deinen Herzvorgarten,
würde mit dir dort
auf die Sonne warten
und bei Sonnenaufgang
würden wir tanzen zwischen,
VERGISSeskurzKNOSPEN und
LÄCHELmalPFLANZEN

Vielleicht bin
ICH
wie eine
STERNSCHNUPPE,
nur ein
MICROMOMENT
in der ZEIT ,
aber es ist
MEINE ZEIT
zu STRAHLEN

Hey TOD

Ich weiß nicht, wann du kommst und wohin du mich mitnimmst.

Ich mal mir dich aus, aber hab keine Ahnung, ob meine Fantasie stimmt.

Ich weiß nicht, wo wir uns begegnen, wird's ein Sommertag oder wird es regnen.

Ich weiß nur, dass die Welt sich einfach weiterdreht,

auch wenn ein Herz, das liebt es nicht versteht.

Ich weiß, dass alle andren weiter machen, mit leben,

weiter atmen, träumen, lieben, lachen

und ich hoffe, dass meine Seele das auch irgendwo kann, an einem schönen Ort.

Ich hoffe, wenn du kommst und ich muss fort,

dass ich sagen kann…Ich habe alles, was ich wollte auch getan.

Ich habe mich glücklich gemacht, hab mein Leben echt gelebt.

Es bis zum letzten Atemzug geliebt, gefühlt, es ausgekostet

und nicht nur geträumt, gewünscht und gedacht.

Vielleicht wird uns erst wenn wir an dich denken, wirklich klar,

wie wertvoll die Sekunden sind,

dass Glück in uns beginnt und man die Zeit für sich gewinnt,

wenn man sie mit den schönsten Dingen und den tollsten Menschen verbringt.

Ich weiß mit dir zu reden, kommt in dieser Welt nicht so gut an,

aber ich weiß auch, dass es den Blickwinkel verändern kann…aufs Leben.

Und das mache ich jetzt, nicht irgendwann!

Und wenn ich mal alt bin

möchte ich sein wie ein Herbsttag,

der vom Sommer träumt

und bunte Schatten wirft.

*

Keiner hatte ihr bis zu dem Tag gesagt,

dass man auch mal stehen bleiben darf.

Dabei war es ihr schönster Moment,

wie ein Lächeln der Zeit

auf dem Pausenhof der Träume

*

Es ist NIE zu SPÄT...

* dich ins LEBEN zu verlieben
* neu, bunter zu fühlen
* dem Glück entgegen zu laufen
* dich wichtiger zu nehmen
* für erste Mal Dinge
* über dich selbst zu lachen
* ALLES zu riskieren
* für Neuanfänge
* für dein JA zu dir
* verstaubte Träume zu
reanimieren
* für einen MUTSPRUNG
*dich NEU zu erfinden
* dir zu verzeihen
* für eine EXTRAdosis
Glücklichmacher ! 
* für neue Liebe
* für alles was sich deine
Seele wünscht

Poesie die deinem
Herzen noch fehlte
Du bist nicht
ALLEINE
xoxo
@onemoment4you

IRGENDWO

Irgendwo in deinem NIEMALS,

wäre ich gern deine MÖGLICHKEIT.

Irgendwo in deinem IRGENDWANN mal,

wäre ich gern die GELEGENHEIT.

Irgendwo in deinem ZWEIFEL, lass mich der

HOFFNUNGSSCHIMMER sein, der dir noch bleibt.

Irgendwo in deiner ANGST, lass mich der

MUT sein, der für den nächsten Schritt noch reicht.

Irgendwo in deinem STURM,

bin ich dein FLÜGELMANN.

Irgendwo in deinem GLÜCK,

halt ich die ZEIT kurz für dich an.

Irgendwo in deiner SUCHE,

wäre ich gern dein schönster SINN

und ich wünschte alle Wege,

führen dich…zu mir hin!

Die WAHRHEIT ist doch ...
KEINER von uns ist EINFACH.

Jeder hat irgendwie 'ne UNWUCHT im Gefühl
auch, wenn das keiner zugeben will !

Jeder hat 'nen kleinen KNALL
vom Aushalten und RUCKSACK tragen,
auch wenn wir's niemals sagen...

Und wenn dann jemand kommt,
der deine NARBEN sehen will,
der DICH verstehen will ,

der deine MACKEN kennt
und trotzdem bleibt,
der mit dir WACHSEN mag ,
dir seine WEICHE Seite zeigt,...

dann lass nicht zu ,
dass sowas DUMMES ,
wie dein EGO oder STOLZ es ruiniert...
Genieß in vollen Zügen, was da

GRAD PASSIERT ....!!!

Guten Morgen du wundervolle Seele

Ist es okay, wenn ich mir einen Augenblick mit dir stehle,

bevor dein Tag beginnt, die Zeit dir wieder durch die Hände rinnt?

Ich wünsch mir einfach, dass du siehst, wie besonders du bist

und wie schön es ist, dass es dich gibt…!

Dass da Menschen sind, die sich auf dich freuen

und dass dein Leben dich liebt.

Ich wünsche mir, dass du da raus gehst,

um dir dein Glück endlich herauszunehmen,

und das Leben zu lieben.

Dir ein Freund zu sein, das Beste für dich zu wollen,

dir deine Träume zu erfüllen, egal wie groß oder klein…sie sind.

Ich wünsche mir, dass heute dein ehrliches, eigenes Leben beginnt,

so, wie es sich GUT und RICHTIG in dir anfühlt!!!

Ich wünsche mir, dass du in dir die Liebe findest,

die Liebe deines Lebens, in dir erkennst.

Ich wünsch mir, dass du dich Lieblingsmensch nennst und verstehst,

dass du alles Schöne verdienst und es Zeit wird, dass du

DEIN BESTES LEBEN LEBST!

Und iwie wollen doch alle Suchenden
eigentlich gefunden sein
und alle Einsamen weniger allein.

Alle Großen noch ein bisschen klein
und alle Traurigen wollen weniger weinen.

Und eigentlich wollen alle Herzen,
dass jemand sie liebt
und alle, die sich verschenken,
jemanden der gibt.

Und alle Zweifler,
jemanden der an sie glaubt
und keiner will, dass jemand kommt
und seine Träume raubt.

Und eigentlich wollen alle Seelen,
jemanden, der sie sieht
und alle Fehler
jemanden der einfach nur vergibt.

Und die, die schweigen,
wollen jemanden, der für sie spricht
und die , die lieben ,
wollen dass ihr Herz nie bricht.

Und die , die leben
wünschen sich UNENDLICHKEIT
und die, die sterben ,
einfach nur MEHR ZEIT ..

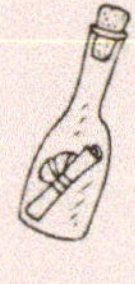

AUF DER SCHAUKEL

Würdest du jetzt neben mir auf der Schaukel sitzen,

würde ich dich fragen, wie's dir grade geht,

was auf deiner "TO BE Liste" steht.

Ich würde dich fragen,

wie viel Platz für dich in deinen Tagen ist

und ob du grade glücklich bist.

Ich würde versuchen, dich zum Lächeln zu bringen

und dir ein Lieblingsort zu sein.

Wenn du nicht reden willst, würden wir einfach nur schaukeln.

Ich wäre bei dir und du wärst nicht allein.

Wir würden versuchen,

so hoch wie's geht zu fliegen, um die Sterne zu berühren.

Wir würden uns am Ende in den Armen liegen

und das Herzklopfen des andren spüren.

*

Ich bin da für dich, ich habe Zeit, für die lange Version,

weil du mir wichtig bist

und wenn du sagst, alles okay, weiß ich schon, wir sollten schaukeln gehen.

Hey, wie geht's dir eigentlich ?
Und sag jetzt nicht, weil's leichter ist,
es geht dir gut.

Ich will die lange Version,
die ehrliche ... ich hab Zeit !!!
Und alles , was du sagst
ist bei mir in Sicherheit.

Weißt du, ich frag nicht einfach so,
sondern weil du mir wichtig bist
und ich mir wünsche, wenn wir reden,
dein Rucksack wieder leichter ist.

Aber ich höre dir auch zu ,
wenn du nur schweigst
und geb dir alle Zeit, die du brauchst.

Ich weiß, wie man sich fühlt,
wenn man alleine ist
und iwie die kleine Welt
um sich zusammenbricht.

Ich will einfach nur, dass du weißt,
ich bin da für dich.
Bin immer da für dich !!

Komm erzähl mir deine Geschichte

die lange Version.

Kuschel dich, neben mich…ich freu mich schon,

in dein Gefühl zu tauchen,

jeden Weg, den du nahmst

in Gedanken abzulaufen.

Ich höre einfach zu, ohne was zu sagen.

Wenn du magst, lehn dich an und lass mich

deinen Rucksack mit dir tragen.

Ich habe keine Angst vor Tränen,

du kannst dein Herz an meines lehnen.

Wir könnten Gefühle laufen lernen lassen

und einfach mal die Zeit verpassen,

uns unsre tiefste Sehnsucht zeigen,

oder einfach nur ein bisschen schweigen.

Komm setz dich zu mir, wenn du magst.

Ich schenk dir meine Zeit, mein Ohr, mein Herz…

Ich schenk dir MICH und meinen Tag!

Und jedes MAL VERÄNDERT sich
in deinen ARMEN die WELT.

Sie hört auf nach mir zu schlagen
und verschwimmt , als hättest du
Weichzeichner eingestellt.

Ihr Echo wird leise und auf 'ne ganz
besondre Weise , versöhnt sich
mein Herz mit ihr .

In diesem wärmenden
Vergessen, gibt es nur noch WIR.

Es ist , wie ein magischer Kreis,
den Du mit deinen Armen schreibst
und kein geflüstertes Geheimnis
wird ihn je verlassen.

Es fühlt sich an , als würdest du
mein HERZ mit deinen HÄNDEN fassen
und es spricht sich wortlos aus bei dir .

BITTE, LASS NICHT LOS.
Ich brauch das grade noch .
Ich bleibe einfach noch
ein bisschen hier.

XOXO

HOCHSENSIBILITÄT

Ich weiß, du denkst du bist zu weich für diese Welt

und dass du ANDERS und NICHT RICHTIG bist.

Du fühlst zu viel, bist viel zu still und Menschenmengen und ganz viele andre Dinge,

die „NORMAL" sind, magst du nicht.

In dieser lauten Welt suchst du den Frieden.

Du magst Harmonie, willst, …dass sich Menschen lieben.

Du magst keine Veränderung, du denkst zu viel

und du brauchst `ne Menge Anlauf mehr …für jeden "Mutsprung".

Du brauchst mehr Zeit, mehr Liebe und manches überfordert dich.

Du bist zu oft zu hart zu dir und in dir wohnt ein gnadenloser Perfektionist.

Aber weißt du, alles das wovon du denkst, dass es eine Schwäche ist,

ist eigentlich so stark an dir und macht, dass du 'ne wundervolle Seele bist.

Du träumst von einer besseren Welt und hast ein Herz, dass andre hält.

Du spürst so viel, auch wie es andren geht.

Du tust alles dafür, dass man sich in deiner kleinen Welt versteht.

Du weißt, wie man mit kleinen Dingen Herzen glücklich macht

und du erkennst den Unterschied, ob man nur außen, oder auch innen lacht.

Du bist für andre da, machst Mikrowunder wahr,

mit deiner Fantasie malst du die Tage bunt, bist für so viele Lächeln Grund.

Wo immer du auch strahlst, kommt es zu dir zurück.

Weißt du, dass du sensibel bist, ist eigentlich der Schlüssel zu deinem Glück.

Wenn's ihnen
NICHT GUT GEHT,
werden Menschen
LEISE...
SO LEISE,
dass man ihren
SCHMERZ
vergisst

Darum ist es
WICHTIG , daß man
NETT zueinander ist !!! 

Hey, wie geht's dir eigentlich?

Was erzählt dein Kopf dir grade an Geschichten

und wofür schlägt dein Herz?

Wie fühlt sich's an, in deiner Haut zu stecken?

Kannst du noch den Sommer auf der Zunge schmecken?

Wovon träumst du grade still?

Und weiß dein Kopf, was deine Seele will?

Wohin reist du in Gedanken?

Kümmerst du dich gut um dich?

Liebst du, was du grade tust?

Zauberst du dir noch ein Lächeln ins Gesicht?

Fühlt es sich noch richtig an und du dich grad zuhause in dir?

Gibt's was, was man ändern kann, damit es dir besser geht?

Dann sag es mir.

Ich wünsch mir, dass du glücklich bist,

würde dich gerne wieder lächeln sehen.

Lass mich rein in deinen Kopf, ich wäre gerne für dich da.

Ich würde dich gern verstehen.

(Horch mal rein in dein Herz und beantworte dir diese Fragen)

Menschen, die dir gut tun

* denen dein Glück am Herzen liegt 🙂
* die dir entgegenkommen
* die geben ohne zu erwarten
* die dir ihre Zeit schenken
* die über Fehler hinwegsehen
* die riskieren was zu verlieren,
um Neues zu finden
* die machen ohne zu begründen
* die reparieren statt zu ersetzen
* die nicht immer funktionieren
* die nicht perfekt sein wollen
* die da sind wenn du sie brauchst
* die ihren eigenen Kopf haben
und ihn auch benutzen
* die an dich glauben, zuhören
können und dich schätzen
* deren Energie dich inspiriert
* die sich nicht verkrümeln,
wenn's mal KACKE läuft
* die dich schöner fühlen lassen
* die dich zurück lieben

Poesie die deinem
Herzen noch fehlte
PARIS
Ich
MAG...
XOXO
@onemoment4you

Ich mag das ,
was mich wirklich berührt, wenn
sich das Herz plötzlich anfühlt,
als hätte es Gänsehaut
wenn Augen ungefragt
Wasser produzieren.

Es ist, als hätte dir jemand die Kontrolle
über das was in dir passiert geklaut,
als hätte dir jemand ,
Brause in die Seele gekippt
das Universum würde Kichern.

Du hättest am Glück genippt
und für einen MICROMOMENT
wäre alles SICHER
in diesem Gefühl,
dass man festhalten will
aber leider nicht kann

und iwie strengt sich dein Herz,
das ganze Leben ...
für diese Augenblicke an ...

ICH MAG DICH

Ich mag deine Augen, die mir Dinge versprechen.

Mag dein hübsches Herz, das mich bis zum Mond liebt und zurück.

Ich mag, wenn ich die "Lächelknöpfe" bei dir drück.

Ich mag mich in deinen Armen verlieren und sicher sein

ich muss die Welt gar nicht kapieren.

Ich mag in deiner Nähe ganz ich selbst sein

und ich weiß, ich muss nicht funktionieren.

Ich mag, wenn du mich nach meinen Gefühlen fragst

und du mir liebe Dinge sagst, die von innen kommen.

Ich fühl mich bei dir richtig, wichtig und ernst genommen.

Ich mag, wenn wir die Zeit vergessen,

unterm Sternenhimmel Träume tauschen

und das Leben nur in Glückssekunden messen.

Ich mag dich, weil du mich besser machst

und du mit mir über uns selber lachst.

Weil du alles bist, was mir wichtig ist, auch wenn

du immer sagst, dass es nicht in der richtigen Verpackung ist,

aber das kümmert mich nicht!!!

Ich mag dich einfach, weil du bist, WIE DU BIST!

ICH MAG einfach, wie ich mich FÜHLE MIT DIR !

ICH MAG DICH

Die Version von dir, die du nicht jedem zeigst,

mit den Gefühlen die du schweigst,

mit den Gedanken, die in dir Krieg und Frieden spielen

und den bunt geträumten Zielen.

Ich mag dich, den Menschen hinter den Kulissen,

den ohne funktionieren müssen …

den ohne Schnörkel schönen Bodenschatz.

Mach in deinem Leben mal für diesen Menschen Platz…

Den Engel, mit gebrochenen Flügeln,

dem Wesen zwischen deinen Zeilen,

der Seele, die dich hierher brachte

und dich so wundervoll machte.

Ich mag dich…mit diesem Herz, das man findet,

wenn man in deine Augen fällt,

der Hoffnung, die dein buntgeklebtes Ich zusammenhält,

dem Strahlen, das sogar dem Himmel imponiert,

dem echten Ich in dir, dass jedes Mal

wenn's aufwacht

SCHÖNER WIRD

Ich mag Menschen die...

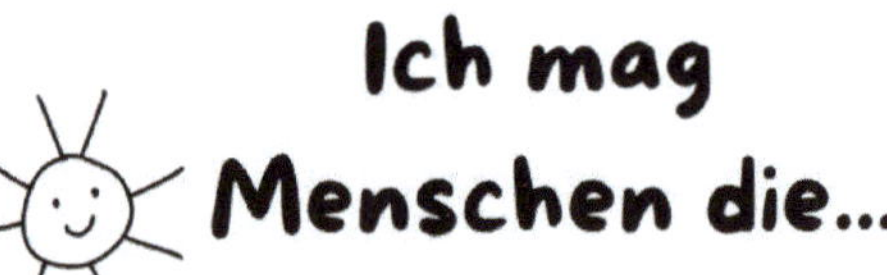

* Schaukeln gehen, obwohl sie
schon lange erwachsen sind
* ihre Lieblingsmenschen heimlich beobachten
und denken..."HAB ich ein GLÜCK!"
* mitten im Satz Pause machen, um zu sagen
"so schön, dass es dich gibt!"
* Käfer retten und Schmetterlingen folgen
* fremde Menschen so anlächeln,
dass Magie passiert
* etwas liebes über jemanden sagen,
der nicht mal in der Nähe ist
* sich immer etwas zum VORFREUEN bewahren
* an einem Buch riechen und drüber streicheln,
bevor sie es öffnen
* mit geschlossenen Augen den Bissen
genießen, als wäre es der erste im Leben
* den besten BISSEN heimlich
für jemanden aufbewahren
* ohne es zu merken das Kinderlied mitsummen
* über sich selber schmunzeln müssen
* immer noch OOOOOOH'S und Aaaaaaaaah's
übrig haben für all die kleinen Wunder
* mehr Herz haben als Verstand

ICH MAG SIE…

die Menschen, mit den weichen Herzen,

die nicht vorbeigehen können, wenn jemandem Unrecht geschieht.

Die bei traurigen Geschichten, ehrliche Tränen weinen,

die leisen Seelen, mit dem sanften Gemüt.

Menschen, die Käfer retten und Schnecken über Straßen tragen.

Menschen, die in allem das Gute suchen und

die so viel Liebe für andre übrighaben.

Ich mag sie, die Menschen, die nicht viel sagen,

sondern machen…alles tun, damit die Welt

ein bisschen wärmer, bunter und heller scheint.

ICH MAG DICH

denn du bist einer von den Menschen,

der es einfach gut mit allen meint.

Bitte lass sie dir nicht nehmen,

deine weiche Seite, von der harten Welt.

Bleib bitte so wundervoll,

denn so ein Herz wie deins…

ist was der Welt sonst fehlt!

Ich MAG dich
SOOOOOOO
viel MEHR ...
als ursprünglich
geplant !

irgendwie
noch mehr
als mich 

Ich bin nicht gut im Menschen mögen, aber ich mag die…

die ihre Herzen offen tragen, ein Glänzen in den Augen haben,

die andre nach Gefühlen fragen und wirklich hören wollen, was sie sagen.

Ich mag die, die verrückt genug sind, sie selbst zu sein

und andre dazu bringen, sich zu lieben…

mit Gedanken, die haltlos auf der Zunge liegen,

leise Menschen, die ihren Frieden suchen und sich selbst genügen.

Ich mag Menschen, die Neid nicht kennen,

lauter lieben und Dinge beim Namen nennen,

einfach ihr bestes Leben wollen,

sich reich fühlen mit Lieblingsmenschen und manchmal,

wie übermütige Kinder durch ihr Leben tollen.

Ich mag die, die nicht nur reden, sondern machen,

heller strahlen, durch den Regen tanzen, lauter lachen, helfen, ohne zu erwarten,

dankbar jeden Tag in ein neues kleines Leben starten.

Ich mag die Echten, die keine Masken tragen, keine Angst zu viel zu fühlen haben.

Die die kleinen Wunder auf dem Weg genießen,

Käfer retten, Sterne staunen und sich selber gießen,

wie die Rosen im Garten und blühen, wenn sie können…

Menschen, die nicht ihr ganzes Leben darauf warten,

sich endlich ihr bestes Leben zu gönnen.

Poesie die deinem
Herzen noch fehlte
Familie
xoxo
@onemoment4you

Wunder

Du bist ein WUNDER, dass entsteht.
Du bist herbeigeträumtes Leben.

Du bist, was HERZEN schon 
vor deinem SEIN bewegt.

Von Anfang an, bevor dich jemand kennt,
bist du von LIEBE schon umgeben.

Ein kleines Bündel aus Atomen, aus GLÜCK
und BUNT gemischten Chromosomen,
EINZIG auf seine ART,
vom ersten Augenblick ein UNIKAT.

So viele Seelen warten schon gespannt,
sie irgendwann zu halten, deine kleine HAND.

Du bist ein SHOOTINGSTAR,
dabei bist du noch nicht mal da.

Jeder Wunsch,
den ich ins Universum schick,
der handelt grad von dir.

Und wenn ich heute in die Zukunft blick,
dann bist du dort, der schönste Teil,
von unsrem neuen WIR.

Du bist eine tolle MAMA

Ich möchte, dass du weißt,
dass du 'ne tolle Mama bist,

weil du das selbst vielleicht nicht siehst,
so'n kleiner Spatz nicht in der Lage ist,
es dir zu sagen.

Dein Kind, das zeigt's dir auf 'ne andre Art,
es sucht deine Nähe, bist du da,
für deinen Schatz, sind alle Dinge,
die Du sagst...auch wahr .

Du bist wie Superwomen, in seiner Welt.
Du pustest Schmerzen weg,
wenn dieser kleine Mensch mal fällt.

In deinen Armen, kann nichts passieren
und es gibt nichts in seiner Welt,
was du nicht reparieren kannst.
Wenn du da bist, gibt es keine Angst.

Ich weiß du leistest grade viel,
auch wenn es manchmal aussieht wie ein Spiel
und es sich anfühlt, als wenn es keiner sieht,
doch dein Geschenk ist, dass dein Kind dich liebt.

Und iwann da wird der kleine Mensch dir sagen...
Hey Mama eine schönere Kindheit,
kann man gar nicht haben ,
als du sie mir gebastelt hast.

Ich weiß, wie glücklich das
'ne Mama macht ...dank dir !

HEY MAMA

Ich wollte dir schon immer sagen, wie wichtig du mir bist

und dass der Teil von dir, in mir, vielleicht sogar der Schönste ist.

Und als wir damals aufeinandertrafen,

die ersten Blicke auf den andren warfen,

hätten wir nie geglaubt,

wie sehr die Liebe Mauern stürzt und immer wieder Brücken baut.

Ich wollte dir schon immer sagen,

dass unsre schlechten Zeiten Lehrer waren

und blick ich jetzt zurück,

dann sehe ich nur das Schöne, unser Glück.

Auch wenn wir uns manchmal streiten,

liegt es vielleicht an unsren Ähnlichkeiten.

Ich wollte dir schon immer sagen, dass mir dein „JA zu MIR."

nie selbstverständlich war,

wie wichtig mir im Nachklang auch die kleinen Dinge sind,

die man noch nicht begreift als Kind.

Ich wollte dir schon immer sagen, wie dankbar ich dir bin

und dass ganz viele deiner Taten, bis heute

Teile meiner Flügel sind.

Papas müssen keine SUPERHELDEN sein,

das werden sie von ganz allein,

wenn sie da sind für ihre KIDS.

Kinder brauchen keine Papas ohne Fehler,

sie brauchen Papas, die zugeben, wenn sie welche machen.

Kinder brauchen keine Väter in autoritär.

Sie brauchen Verständnis und Arme, in denen sie sich sicher fühlen

und Liebe…sogar sehr.

Kinder brauchen Väter, die mit ihnen wachsen,

die sich trauen wieder Kind zu sein.

Sie brauchen Papas, die ihnen Flügel schenken,

bei denen sie das Gefühl haben, sie sind nie allein.

Kinder brauchen Väter, die auch Schwäche zeigen,

damit sie lernen, dass es okay ist nicht immer stark zu bleiben.

Ich glaube das Schönste,

was Vätern ihren Kindern mit auf den Weg geben können

ist HUNDERT PROZENT GELIEBT zu sein,

das LEBEN zu LIEBEN und

sich jede Chance GLÜCKLICH zu sein

auch zu GÖNNEN!

Kinder

Irgendwann mal

warst du ein herbeigesehnter Wunsch,

die schönste Vorstellung im Kopf,

dieser glücksumarmende Traum,

der Wellen aus Wärme im Gefühl auslöst.

Irgendwann mal bist du aus Liebe entstanden.

Ein Mosaik aus dem Schönsten, das Leben schafft,

der kleinste Krümel Glück,

der die größten Emotionen macht.

In dir steckt schon von Beginn an,

der Gewinner einer Schlacht

und du hast alles gegeben,

zu wachsen und zu leben.

Du bist das schönste Wunder,

ein Traum, das größte Glück…!

Du bist mein Wunder und mein

"LieblingsUniversumsStück"

Poesie die deinem
Herzen noch fehlte
PARIS
LIEBLINGS-
MENSCH
XOXO
@onemoment4you

LIEBLINGSMENSCH

Und manchmal meint es das Leben gut mit dir

und schickt die einen LIEBLINGSMENSCH,

den du irgendwie sofort erkennst,

weil eure Herzen schon miteinander kichern,

bevor ein Wort zwischen euch fällt.

Weil sie sofort heimlich Freundschaft schließen

und das Kopfkino auf Farbfilm stellt

und das Gefühl auf Genießen.

Weil ihr beide wisst, wie besonders das ist,

denn so ein Herz, dass gleich tickt

und genauso

SCHÖN BESCHEUERT ist…

das hat euch grade noch gefehlt.

HEY LIEBLINGSMENSCH 

Ich schick dir meinen wunderbaren
Gedanken, den ich grad an dich hab

und stell mir vor ,
wie dich das Lächeln lässt,
wie dein Mundwinkel kurz wippt und
die kleinen Lachfältchen unter
deinen Augen antippt.

Weißt du , ich wollte, dass dein Tag
mit diesem Lächeln beginnt
und dieses schöne Gefühl
Platz in deinem Herzen nimmt.

Damit du nicht vergisst,
dass ich mir wünsche,
dass du glücklich bist und
dein Tag einer von der leichten,
schönen Sorte ist.

Und weißt du was noch ?!
Ich denk heute ganz oft
AN DICH !!!

HEY LIEBLINGSMENSCH

Ich hol dich ab, wo du nicht weiterweißt.

Ich fang dich auf, wenn dein Fallschirm im Gefühl reißt.

Ich bin schon da, wenn du noch gar nicht ahnst,

dass du mich brauchst.

Ich leih dir meinen Glauben an dich,

wenn du dich grad nicht glauben traust.

Meine Schulter zum Anlehnen, ist reserviert für dich

und irgendwelche Floskeln, bekommst du von mir nicht.

Ich bin ziemlich gut im Zuhören und Klappe halten…

und wenn es etwas zum Heulen gibt,

dann Heulen wir zusammen

und wenn du mich brauchst,

ruf einfach meinen Namen…!

ICH BIN DA FÜR DICH,

ICH BIN IMMER DA FÜR DICH!

Genauso
WIE DU BIST...
hast du dich
in mein
Lieblingsgefühl
geschummelt

Ich wäre gern der Ort,

an dem du lieber bist als in deiner Fantasie,

wäre gern der Anfang deiner Sinfonie.

Ich wäre gern die Zeit, die du anhalten willst,

wäre gern das Kind in dir, mit dem du endlich wieder spielst.

Ich wäre gern der Moment, auf den du dich schon lange freust,

der Blödsinn, der dich lächeln ließ und den du nie bereust.

Ich wäre gern das Gefühl, das du am liebsten magst.

Wäre gern das Wort, auf das du schon so lange hoffst

und endlich zu dir sagst.

Ich wäre gern all das Gute, das dir passiert,

der Glücksmoment, durch den dein Leben schöner wird.

Ich wäre gern die Hoffnung, die dir immer bleibt,

ich wäre gern das Happy End,

dass dir das Leben schreibt.

Und manchmal treffen sich ZWEI,
die schon gar nicht mehr glaubten,
dass sie's verdienen ...

So ein paar AUGEN,
von denen sie gesehen werden.
so ein HERZ, das für sie schlägt,
dieses GEFÜHL, dass sie so
liebevoll weiter trägt...

Und die beiden stellen sich
vielleicht ungeschickt an,
aber ihre HERZEN wissen,
was sie machen müssen.

Und so rücken sie
ganz langsam aneinander ran
und tun sich gegenseitig gut,
halten sich , machen sich Mut. 

Und ganz langsam wird alles viel schöner,
als ursprünglich geplant
und sogar der KOPF versteht,
was das HERZ schon lange ahnt,

dass da gerade LIEBE passiert...
Und die zwei HERZEN hoffen ,
dass das was FÜR IMMER wird.

Du bist das kleine Glück,

dass so viel Großes in mir macht.

Du bist, warum mein Herz nur weil's dich sieht, schon lacht.

Du bist der Retter meiner Träume,

in meinem Gedankendschungel pflanzt du bunte Blumen,

zwischen lichtraubende Bäume.

Du malst den Wolken lächelnde Gesichter

und in den grauen Himmel hängst du Glitzerlichter.

Du verschenkst die weltbesten "Umärmelungen"

und mancher "Mutsprung" ist mir erst mit deinem

„Hey, du kriegst das hin" gelungen.

Du hinterlässt so schöne Hot Spots im Gefühl.

Du schaffst, dass meine Seele Sommerkleider tragen will.

Mit dir stell ich mir ALT werden ganz EASY PEASY vor

und das Kind in mir, grinst gleichzeitig von Ohr zu Ohr.

Ich glaube das Universum hat uns

absichtlich zueinander gebracht.

Ich glaube, wenn es uns sieht,

dass es dann lacht.

DU bist...

 meine

WUNDERVOLLSTE

GAR NICHT

Selbstverständlichkeit !!!!

Ich wünsch mir, dass du glücklich bist.

Wünsch mir, dass du nichts vermisst,

von dem, was Leben wert zu leben macht.

Ich wünsch mir, dass dein Innen lacht.

Ich wünsch mir, dass du dich nicht selbst betrügst,

wünsch deinem Herz den Frieden.

Wünsch mir, dass du dir genügst

und wünschte mir, du könntest dich so lieben.

Ich wünschte, dass du nicht vergisst,

dass du die Hauptperson in deinem Leben bist

und dass dein Leben keine Bühne und Gefallen hier nicht wichtig ist.

Es wäre so schön, wenn du es siehst,

dass Leben nicht nur ist, dass du dich hier bemühst,

besitzen keine Rolle spielt, es darauf ankommt, was man fühlt.

Ich wünschte mir du tust mehr Dinge, die du magst,

knipst deine Innensonne an, zeigst deiner Seele,

dass sie regenbogenbunte Farben hat,

deinem Gefühl, dass es grenzenlos aufblühen kann.

Ich wünschte du kapierst, dein JETZT ist mehr wert,

als dein IRGENDWANN.

Fang doch mal mit dem Schönen, mit dem Glück in deinem Leben an.

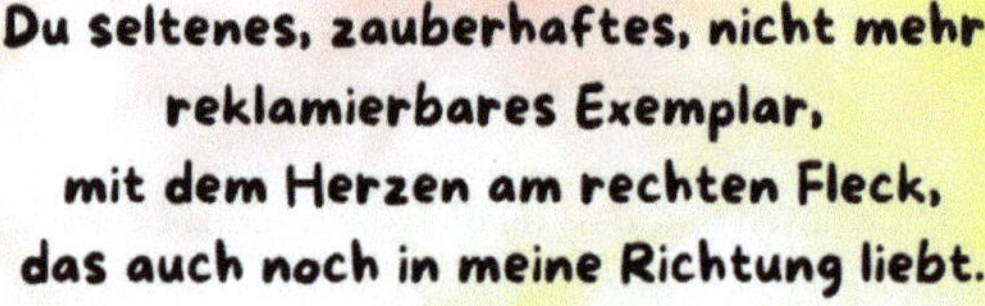

Zwischendurch mal so...
LIEBESBRIEF !!!

Du seltenes, zauberhaftes, nicht mehr
reklamierbares Exemplar,
mit dem Herzen am rechten Fleck,
das auch noch in meine Richtung liebt.

DU irgendwie immer die richtigen Worte Finder
und Sonne in Tage Bringer.

DU lustiger, mutiger, manchmal brummeliger ,
und trotzdem meistens glücklich machender ,
mit mir auf meiner Couch sitzender,
Füße - und Herzwärmender ,
mich so oft aufmunternder ,
aber mir auch manchmal auf den KEKS gehender,
liebevoller, starker , aber auch oft weicher,
fürsorglicher, manchmal verpeilter ,
mich immer noch oft verliebt ansehender...

 LIEBLINGSMENSCH 

Ich lieb dich ...immer noch...!
Doller , als du denkst ,
schon länger, als du ahnst
und wenn das Leben mich lässt,
dann noch gaaaaaanz lange !

WEISST DU EIGENTLICH

wie gut du mir tust,

selbst wenn du nicht mal in der Nähe bist.

Wenn das Lächeln deiner Stimme für mich, wie eine Umarmung ist.

Wenn nur der Gedanke an dich alles aushaltbarer macht.

Wenn mein Herz aus Vorfreude auf dich schon lacht.

Weißt du, was noch wundervoller ist,

zu wissen, dass du mich genauso doll vermisst.

Ist dir eigentlich bewusst, dass du gar nicht viel tun musst,

um meine Lieblingsgefühle anzuknipsen?

Du niemals etwas andres werden musst, um mir Alles zu bedeuten…?

Du nichts werden musst, um das größte zu sein in meinem Tag?

Ist dir eigentlich klar,

dass ich dich mehr als 80 Millionen andere mag…

und was das heißt?!!!

Aber vielleicht braucht sowas gar nicht viele Worte

und erst recht keinen Beweis!

Poesie die deinem
Herzen noch fehlte
PARIS
Weihnachten
Neujahr
santa
tell
me
@onemoment4you

Hey, wie geht's dir gerade?

Braucht dein Herz ein paar Arme zum hineinfallen lassen,

dein Gefühl eine Schulter zum Anlehnen?

Vielleicht brauchst du jemanden, der zuhört und die Klappe hält

oder ein bisschen Superkleber für deine kleine Welt.

Ich bin ziemlich gut, im Umarmen

und noch viel besser im zusammen Schweigen.

Ich hätte auch Zeit und könnte dir meine bunte Welt ein bisschen zeigen,

damit du siehst, sie ist auch geklebt und unperfekt

und Gefühle sind nicht exklusiv.

Ich habe einen Farbkasten dabei,

wie fändest du's, wenn ich ein wenig Glitzer in deine Tage streu?

Wir könnten, bis der Morgen anbricht reden,

oder einfach in der Küche tanzen, Blödsinn machen

und volle Pulle leben.

Ich weiß, du denkst man merkt es nicht,

aber HEY, Freunde sind Menschen, die man nicht belügen kann

und ich wäre gerne da für dich!

Tag und Nacht, immer, jederzeit,

genau wie Du …Für mich!

Nur noch wenige
Tage bis Weihnachten
und eigentlich wünschen sich
fast alle Seelen auf diesem Planeten
nur Frieden.
FRIEDEN und
ihr kleines buntes, aufgeräumtes Leben
mit Menschen, die darin nicht fehlen dürfen.
Mit Herzen die sich aneinander anlehnen können.
Mit ihrer kleinen Hoffnung ,
dass im nächsten Jahr wieder alle
Lieblingsmenschen da im Kreis der
Lieben auf ihren Stühlen sitzen,
Erinnerungen teilen
und gemeinsam neue machen.
Zusammen weniger allein zu sein
und über alten Geschichten zu lachen.

Sie wünschen sich sich , dass die
schönste Energie zwischen allen
Liebe bleibt ..
Dass sie einfach stehen bleibt...die Zeit,
weil die Welt kurz mal inne hält
und so friedlich scheint,
wenn man in all dem warmen
Lichterkettenlicht vergisst ,
dass die Welt halt nicht so heil,
wie sie sich grade anfühlt ist.

Frohe Weihnachten

Wo auch immer du jetzt bist,

wie auch immer es sich grade anfühlt in dir,

weil Weihnachten vielleicht ein bisschen anders ist als im letzten Jahr.

Das Leben hat dich herausgefordert, du hast dich vielleicht verändert,

oder ein Lieblingsmensch ist nicht mehr da.

Jedes Jahr, wenn diese Zeit beginnt,

tauchen wir auch irgendwie in die Erinnerung.

Sie macht sich breit, die Melancholie,

da trifft Lachen auf Vermissen und wir sehen uns in jung,

unsere Veränderung.

Jedes Jahr, wenn wir ihn schmücken unsren Baum,

tauchen wir in unser Leben, in die Zeit, in den Traum,

den wir noch träumen…

Ich glaube, jetzt ist der beste Zeitpunkt,

Frieden mit dir und dem Jahr zu machen, stolz zu sein,

dir und andren zu verzeihen, das Licht der Weihnacht

in dein Herz zu lassen und neuen Mut zu fassen.

FROHE WEIHNACHTEN WELT

passt auf euch, auf seid nett zueinander

und erinnert euch daran, was wirklich zählt.

Die schönsten GESCHENKE!
die du machen kannst

deine ZEIT / Einfach DA sein / ZUHÖREN ohne zu URTEILEN / MITFÜHLEN/ dich NEIDLOS mit dem andren FREUEN/ UMARMUNGEN / GEBEN ohne zu erwarten/ HELFENDE Hände/ NETTE Worte/ unerwartete KOMPLIMENTE/ AUTHENTISCH sein/ EHRLICHKEIT/ FEIERE das Leben / SEI eine SONNE / FREUNDSCHAFT / GLITZER in den Alltag STREUEN / LEBE LIEBE VOR / geh mit OFFENEM HERZEN auf andre zu / lass anderen LUFT zum SEIN / ZURÜCKLIEBEN / dich auf die Seite der SCHWÄCHEREN stellen / RESPEKT / ein ehrliches ICH BIN DA FÜR DICH / NICHT verkrümeln wenn's mal KACKE läuft / an jemanden GLAUBEN / deine Schulter zum ANLEHNEN /mit jemandem SCHWEIGEN der es braucht / REPARIEREN statt wegwerfen / ein ehrliches ERZÄHL MIR VON DEINEM TAG / deine VERSPRECHEN halten / an jemanden DENKEN / WEIßT DU NOCH Momente basteln / dich an KLEINIGKEITEN erinnern / kleines GLÜCK / UND ....DICH SELBST LIEBEN !!!!

xoxo

FRIEDEN

Ich glaube das Beste, was wir tun können,

in unserer kleinen Welt für Frieden sorgen.

Sie schön machen, liebevoll miteinander umgehen,

ein bisschen nach links und rechts sehen und Hände reichen,

Sorgenfalten bügeln und Herzwände bunter streichen.

Wir können füreinander Sonnen sein, uns gegenseitig guttun,

liebe Worte schenken, achtsam an uns selber denken,

zwischen Sofaritzen gerutschte Träume ausgraben

und Spaß miteinander haben.

Uns öfter in den Armen liegen, Gedanken teilen,

nah sein und gemeinsam heilen.

Zeit in Glücksekunden messen,

mit Liebe kleckern, ab und an die Welt vergessen.

Wir könnten unsre kleinen Welten zu Wohlfühlorten machen,

zum nach Hause kommen, sicher und geborgen fühlen können,

wo wir uns gegenseitig jede Menge Schönes gönnen.

Ich glaube, wenn das jeder tut, dann geht's der großen Welt

bald wieder gut.

Gutschein

für ganz viele
Marmeladenglasmomente

Ohne dich

wäre es nicht dieses Jahr, so wie es ist

Dieses Jahr und all dein Licht, zwischen den Schatten,

diese Glücksmomente, die wir hatten,

diese "Mutausbrüche", kleinen Wunder,

bunt gelebte Träume und Gerüche.

Dieses Jahr und sein Gefühl auf Haut gespürtes Leben,

immer wieder aufstehen, Tränen, Lachen, Achterbahnen,

hätte es so ohne dich niemals gegeben.

Sieh doch hin,

in diesem Jahr liegt so viel Zauber zwischen Schwere,

so viel Magie zwischen der Leere,

so viel farbspektakelschönes drin.

Und ohne dich fehlte ihm der wolkenlose Himmel,

das Licht der hellsten Sterne,

der märchenhafte, wunderbunte, kolossale,

fabelhafte Sinn.

Danke dass es dich in meinem Leben gibt!

Wofür ich dankbar bin

Für meine Freiheit, diesen unterschätzten Schatz.

Für die Herzen zwischen denen ich den liebevollen Platz…gefunden hab.

Für all die Optionen, die ich habe, zu tun, was ich mag.

Für ein Herz, das offen ist.

Für all die Glücksmomente, die man nicht vergisst.

Für dich und alles, was du für mich bist.

Für jeden neuen Tag und all das Wunderbunt,

dass es in seinen Packtaschen hat.

Für meine kleine sichere Blase, für meine Herzoase.

Für mein Bauchgefühl und zu wissen, was ich nicht mehr will.

Für meine besonderen Gaben und all die überstandenen Narben.

Für all die Lichtmomente und Zeitgeschenke.

Für all die kleinen Wunder auf dem Weg

und die Hände, die mir halfen aufzustehen.

Dankbar fürs liebevoller Sehen und den echten Sinn besser zu verstehen.

Dankbar dafür, dass ich lieben kann, für jeden Neuanfang,

für jeden Krümel Mut und zu wissen, dieses Leben,

dass ich mir gebastelt habe, gefällt und steht mir gut.

Ich wollte noch
DANKE sagen

An jeden Einzelnen von euch,
der sich hier in diesem Buch verloren
und hoffentlich wiedergefunden hat.
An all die Zauberseelen
und Lieblingsfremden, die mich
auf meinem @onemoment4you
Insta Account so wertschätzend
und einfach zauberhaft begleiten
und mich mit dazu angestiftet haben,
diesen Riesen Traum hier zu erfüllen.
An meine Lieblingsmenschen,
die immer an mich glauben, sogar dann,
wenn ich es grad nicht kann,
die mich einfach in unbeschreiblicher
Weise in all meinen Verrücktheiten
unterstützen und mir manchmal
wieder auf die Füße helfen.
Ich kann mir keine wundervolleren
Menschen in meinem Leben wünschen,
als EUCH !!!

Krass was man schafft, wenn man endlich an sich glaubt
Das kannst du auch!!!

Ihr findet mich auf Instagram unter

@onemoment4you

Viele meiner Gedichte sind dort in wunderschöne Videos
gebettet und werden von mir vorgelesen.

Dort warten auch jede Menge meiner Sprüche

und ganz viel Persönliches von mir, auf euch.

Ich würde mich freuen euch dort wieder zu sehen

und euch weiterhin eine Sonne zu sein,

bis zum nächsten Buch.

Danke dir du einzigartige Zauberseele!

So schön, dass es dich gibt!